D1734380

Windows-Befehle für Vista & Server 2003
kurz & gut

2. AUFLAGE

Windows-Befehle für Vista & Server 2003

kurz & gut

Æleen Frisch & Helge Klein

O'REILLY®

Beijing · Cambridge · Farnham · Köln · Paris · Sebastopol · Taipei · Tokyo

Kommentare und Fragen können Sie gerne an uns richten:
O'Reilly Verlag
Balthasarstr. 81
50670 Köln
Tel.: 0221/9731600
Fax: 0221/9731608
E-Mail: kommentar@oreilly.de

Copyright der deutschen Ausgabe:
© 2007 by O'Reilly Verlag GmbH & Co. KG
1. Auflage 2005
2. Auflage 2007

Das vorliegende Buch ist eine Überarbeitung des 2001 erschienenen Titels
Windows 2000 Commands Pocket Reference, O'Reilly Media, Inc.

Die Darstellung eines Würgadlers im Zusammenhang mit den Themen Windows Vista und Windows Server 2003 ist ein Warenzeichen von O'Reilly Media, Inc.

Bibliografische Information Der Deutschen Bibliothek
Die Deutsche Bibliothek verzeichnet diese Publikation in der
Deutschen Nationalbibliografie; detaillierte bibliografische Daten
sind im Internet über *http://dnb.ddb.de* abrufbar.

Lektorat: Alexandra Follenius, Köln
Korrektorat: Geesche Kieckbusch, Hamburg
Satz: G&U Language & Publishing Services GmbH, Flensburg
Umschlaggestaltung: Ellie Volckhausen, Boston & Michael Oreal, Köln
Produktion: Andrea Miß, Köln
Druck: fgb freiburger graphische betriebe; www.fgb.de

ISBN 978-3-89721-528-3

Dieses Buch ist auf 100% chlorfrei gebleichtem Papier gedruckt.

Inhalt

Windows-Befehle für Vista & Server 2003

Einführung

Für wen das Buch gedacht ist

Diese Referenz beschreibt die Windows-Kommandozeilenbefehle. Sie ist nicht nur für Systemadministratoren gedacht, sondern auch für unterschiedlichste Windows-Anwender von Nutzen. Das Büchlein enthält die meisten Befehle von Windows NT4, 2000, XP, Server 2003 und Vista sowie die nützlichsten Kommandos der jeweiligen Resource Kits und Support Tools. Zusätzlich wurden einige besonders praktische frei erhältliche Tools mit aufgenommen. Die Herkunft der Befehle (im Betriebssystem enthalten, aus dem Resource Kit etc.) ist in der jeweiligen Überschrift gekennzeichnet.

Was dieses Buch nicht enthält

Auf Grund des kompakten Formats der »kurz & gut«-Reihe wurden selten genutzte oder sehr spezielle Befehle von dieser Referenz ausgenommen. Einige andere Befehle werden nicht behandelt, da entweder ihre Funktion bereits von einem anderen Befehl erfüllt wird oder weil sie schlicht veraltet sind. So sind *ausschließlich* unter Windows NT4 oder 2000 verfügbare Befehle in dieser Ausgabe bis auf wenige Ausnahmen nicht mehr enthalten.

Ebenfalls nicht enthalten sind Programme mit grafischer Oberfläche, da sich dieses Büchlein auf Befehle beschränkt, die auf der Kommandozeile und in Skripten nutzbar sind.

Aufbau

Die Befehle sind in Funktionsgruppen geordnet und innerhalb dieser Gruppen alphabetisch sortiert. Einen bestimmten Befehl finden Sie am einfachsten über den Index. Die Optionen der Kommandos wurden nach ihrer Funktion gegliedert und der Wichtigkeit nach geordnet. Weniger wichtige Optionen werden gelegentlich nicht aufgeführt. Einige Befehle bieten so viele Optionen, dass es auf Grund des kompakten Formates nicht möglich war, sie vollständig aufzuführen.

Viele der in diesem Buch beschriebenen Befehle lassen sich unter allen auf NT basierenden Windows-Versionen einsetzen, auch wenn sie nur mit einem Vorgänger oder Nachfolger des von Ihnen eingesetzten Betriebssystems mitgeliefert werden. Einige Tools benötigen jedoch zwingend ein Serverbetriebssystem oder eine bestimmte Mindestversion des Betriebssystems, da sie API-Funktionen verwenden, die von Microsoft zum Beispiel erst mit Windows Server 2003 eingeführt wurden. Andere Befehle wurden von Microsoft immer weiter verbessert und verändert, so dass z.B. die Syntax des mit Windows Vista mitgelieferten Tools anders ist als jene des gleichnamigen Tools in Windows 2000. In solchen Fällen wird hier stets die aktuellste Version beschrieben.

Konventionen

Fett
> Kennzeichnet Windows-Befehle und -Optionen.

GROSSBUCHSTABEN & FETT
> Kennzeichnet interne Befehle des Kommandozeileninterpreters cmd.exe. Diese Befehle sind bei Nutzung einer alternativen Shell, wie z.B. der PowerShell, nicht verfügbar.

Kursiv
> Kennzeichnet Parameter, die Sie selbst eingeben müssen.

[...]
> Kennzeichnet optionale Befehlsteile.

a | *b*

Bedeutet, dass entweder *a* oder *b* eingesetzt werden muss.

HKLM

HKCU

Kennzeichnen die Registrierungsbäume (Hives).

Menü-Name→Menü-Name

Der Pfeil (→) in Verbindung mit der halbfetten Schrift beschreibt die Navigation innerhalb eines Menüs.

Folgende Abkürzungen werden zur Kennzeichnung der Herkunft der Befehle verwendet:

AllOS: In allen Betriebssystemen enthalten

NT4: Windows NT 4

NT4RK: Resource Kit zu Windows NT

W2k: Windows 2000

W2kRK: Resource Kit zu Windows 2000

W2kST: Windows 2000 Support Tools

W2k3: Windows Server 2003

W2k3AP: Windows Server 2003 Verwaltungstools (Adminpak)

W2k3RK: Resource Kit zu Windows Server 2003

W2k3SP2: Windows Server 2003 Service Pack 2

W2k3ST: Windows Server 2003 Support Tools

XP: Windows XP

XPST: Windows XP Support Tools

Vista: Windows Vista

WWW: Nicht-Microsoft-Tool, im Internet frei erhältlich

Die Kommandozeile

Start als Administrator unter Vista

Viele der in diesem Büchlein beschriebenen Befehle benötigen Administrator-Rechte (und unter Windows Vista zusätzlich die hohe Verbindlichkeitsstufe). Dazu muss die Kommandozeile mit erhöhten Rechten gestartet werden. Dies geht am schnellsten folgendermaßen: Drücken Sie die Windows-Taste, geben Sie **cmd** ein, gefolgt von STRG+SHIFT+ENTER und ALT+F, um die Sicherheitsabfrage zu bestätigen.

Sie können jederzeit kontrollieren, ob ein Kommandozeilenfenster mit erhöhten Rechten ausgeführt wird: Nur bei diesem Fenster wird in der Titelzeile in einem solchen Fall »Administrator:« vorangestellt.

Eingabe von Befehlen

- Befehle können sowohl in Groß- als auch in Kleinbuchstaben eingegeben werden.
- Befehlsoptionen können normalerweise in Groß- oder Kleinbuchstaben eingegeben werden. In diesem Fall werden sie in diesem Buch kleingeschrieben. Nur Optionen, die großgeschrieben werden müssen, werden in Großbuchstaben abgebildet.
- Befehlsoptionen werden normalerweise durch einen Schrägstrich eingeleitet: **/x**. In vielen Fällen kann der Schrägstrich durch ein Minuszeichen ersetzt werden. Einige Befehle akzeptieren nur das Minuszeichen.
- Die Reihenfolge der Optionen ist nicht einheitlich. Bitte entnehmen Sie diese der Syntax des jeweiligen Befehls.
- Einzelne Parameter werden durch Leerzeichen, Kommata oder Strichpunkte voneinander getrennt.
- Befehle können in der nachfolgenden Zeile fortgesetzt werden, wenn die vorherige Zeile durch das ^-Zeichen beendet wurde.

- Durch ein vorangestelltes ^-Zeichen wird auch verhindert, dass der Befehlsinterpreter das folgende Zeichen interpretiert. Solche Zeichen werden auch »Escape-Zeichen« genannt.

- Mehrere Befehle können mit dem &-Zeichen verknüpft werden: *Befehl1* **&** *Befehl2*. Die Befehle werden der Reihe nach ausgeführt.

- Die Ausführung eines Befehls kann davon abhängig gemacht werden, ob der vorhergehende Befehl korrekt ausgeführt werden konnte. Dazu werden die Befehle mit **&&** oder || verknüpft:

Befehl1 **&&** *Befehl2*
> *Befehl2* wird erst dann ausgeführt, wenn *Befehl1* erfolgreich ausgeführt werden konnte.

Befehl1 || *Befehl2*
> *Befehl2* wird nur ausgeführt, wenn *Befehl1* nicht erfolgreich ausgeführt werden konnte.

Umleitung der Ein- und Ausgabe

< *Datei*
> Liest Standard-Input aus einer Datei.

> *Datei*
1> *Datei*
> Schreibt Standard-Output in eine Datei.

>> *Datei*
1>> *Datei*
> Hängt Standard-Output an eine Datei an.

2> *Datei*
> Schreibt Standard-Error in eine Datei.

2>> *Datei*
> Hängt Standard-Error an eine Datei an.

> *Datei 2>&1*

Schreibt Standard-Output in eine Datei und leitet Standard-Error nach Standard-Output um. Damit werden Standard-Output und Standard-Error in dieselbe Datei geschrieben.

Befehl1 | Befehl2
Befehl1 0> Befehl2

Stellt eine Verknüpfung zwischen Standard-Output des ersten Befehls (*Befehl1*) und Standard-Input des zweiten Befehls (*Befehl2*) her.

Umgebungsvariablen

Dieser Abschnitt erklärt einige wichtige Windows-Umgebungsvariablen. Diese Variablen werden mittels Prozentzeichen referenziert, zum Beispiel %SystemRoot%. Die System- und Benutzervariablen können mit **set** angezeigt und mit **setx** dauerhaft geändert werden.

COMPUTERNAME

Enthält den Computernamen.

PATH

Mehrere durch Semikolon getrennte Verzeichnisse, die in dieser Reihenfolge nach Befehlen durchsucht werden, welche ohne vollständige Pfadangabe eingegeben werden.

PATHEXT

Mehrere durch Semikolon getrennte Dateierweiterungen, die in dieser Reihenfolge an einen Befehl ohne Erweiterung angehängt werden, um die korrekte Ausführungsform für den Befehl zu finden. Diese Erweiterungen müssen den voranstehenden Punkt beinhalten.

PROGRAMFILES

Der Verzeichnisname des Programmordners (unter Vista normalerweise C:\Program Files).

SYSTEMROOT und WINDIR

Der Verzeichnisname des Windows-Systemverzeichnisses (normalerweise C:\WINDOWS).

TEMP und TMP
   Der komplette Pfad eines Verzeichnisses, das von Anwendungen zur Ablage temporärer Dateien verwendet wird.

USERPROFILE
   Der Pfad zum Profilverzeichnis des angemeldeten Benutzers.

Installation zusätzlicher Administrationstools

Anders als die CDs der Vorversionen enthält die Vista-DVD keine Support Tools, weil es diese Tools für Vista nicht gibt. Die Support Tools von Windows Server 2003 Service Pack 1 können jedoch von den Microsoft-Downloadseiten heruntergeladen und trotz der Warnung des Installationsprogramms auch unter Vista verwendet werden.

Das Resource Kit müssen Sie zusätzlich zum Betriebssystem kaufen (erhältlich in den meisten Buchhandlungen). Zum Zeitpunkt der Erstellung dieses Büchleins war das Vista Resource Kit noch nicht verfügbar, daher konnte es nicht berücksichtigt werden.

Die Tools des Windows Server 2003 Resource Kit veröffentlicht Microsoft zum freien Download. Die darin enthaltenen Programme funktionieren trotz der Warnung des Installationsprogramms auch unter Windows Vista.

Hilfebefehle und -dateien

help *Befehl*
   Zeigt die Hilfe für Windows-Standardbefehle an.

Befehl **/?**
   Zeigt bei den meisten Tools einen Hilfetext an.

net help *Befehl*
   Zeigt die Hilfe für einen der net-Befehle an.

net helpmsg *nnnn*

Zeigt die Beschreibung zum Windows-Fehler mit der Nummer *nnnn* an.

helpctr

Öffnet das Hilfe- und Supportcenter von Windows XP, Server 2003 und Vista. Suchen Sie nach dem Stichwort »Befehlszeilenreferenz« und klicken dann auf »Befehlszeilenreferenz A bis Z«, um Erläuterungen zu den im Betriebssystem enthaltenen Befehlen zu erhalten.

Das Hilfe- und Supportcenter von Windows Vista enthält in der ersten ausgelieferten (RTM) Version keine Befehlszeilenreferenz.

Resource Kit und Support Tools

Die Resource Kits und Support Tools enthalten weitere, zum Teil sehr umfangreiche Hilfedateien, die Sie am einfachsten über das Startmenü öffnen.

Allgemeine Befehle

clip   NT4RK, W2kRK, W2k3, Vista

Befehl | **clip**
    clip < *Datei*

Überträgt die Ausgabe eines Befehls oder den Inhalt einer Datei in die Windows-Zwischenablage.

cmd   AllOS

cmd [*Optionen*] [**/c** | **/k** [**/s**] *Befehl*]

Startet einen neuen Kommandozeileninterpreter. Wenn *Befehl* angegeben wurde, wird er ausgeführt. Mehrere Befehle können in Anführungszeichen angegeben werden. Verwenden Sie die durch **cmd /?** aufzurufende Dokumentation, um weitere Features kennen zu lernen (z. B. die Vervollständigung von Pfaden und Befehlen oder die verzögerte Expansion von Variablen). Über die Eigenschaften eines Kommandozeilenfensters (**Klick in die linke obere Ecke→Eigenschaften**) können Sie dessen Aussehen und Verhalten in weiten Bereichen beeinflussen. Insbesondere die Vergrößerung des Fensterpuffers, der ein Scrollen in den nicht mehr am Bildschirm sichtbaren Zeilen ermöglicht, ist sinnvoll.

Der Befehl **exit** beendet den Kommandozeileninterpreter.

Optionen

/c | /k [/s]

> Der Interpreter führt den angegebenen Befehl aus und bleibt nach Beendigung des Befehls aktiv (**/k**) oder beendet sich (**/c**). Die Option **/s** veranlasst den Befehlsinterpreter, den Befehl umschließende Anführungszeichen vor Ausführung des Befehls zu entfernen (normalerweise werden diese beibehalten). Dies gilt jeweils in Verbindung mit **/c** oder **/k**.

/q

> Schaltet die Befehlsausgabe ab (siehe **echo off**).

/e:on | off

> Aktiviert oder deaktiviert die Erweiterungen des Befehlsinterpreters. Der Standardwert wird durch den Registrierungswert HKCU\ oder HKLM\Software\Microsoft\Command Processor\Enable Extensions bestimmt. Im Auslieferungszustand sind die Erweiterungen aktiviert.

/a | /u

> Die Ausgabe von internen Befehlen erfolgt im ANSI- (Standard-) bzw. Unicode-Format.

/d

> Deaktiviert die Autorun-Einträge in der Registrierung unter HKLM\ oder HKCU\Software\Microsoft\Command Processor\Autorun.

DATE

DATE [*tt-mm-*[*jj*]*jj*] [**/t**]

Stellt das angegebene Datum ein oder fragt danach, wenn es nicht angegeben wurde. Mit der Option **/t** wird das Datum angezeigt, ohne es zu ändern.

---

doskey

doskey [*Optionen*]

Erlaubt den Zugriff auf bereits eingegebene Befehle oder erlaubt die Erstellung von Makros (Alias-Definitionen).

Befehlshistorie und Editieroptionen

/history
> Zeigt die vollständige Befehlshistorie an.

/listsize=*n*
> Stellt die Größe der Befehlshistorie auf *n Einträge* ein.

Da die Funktionstasten von **doskey** standardmäßig verfügbar sind, können Sie sich mit F7 jederzeit die Befehlshistorie anzeigen lassen und mit den Cursor-Tasten einen Befehl auswählen. Mit Alt+F7 können Sie diese Historie löschen, und mit F9 wählen Sie eine bestimmte Befehlsnummer aus, um diesen Befehl zu starten.

/insert | /overstrike
> Stellt den Bearbeitungsmodus für aus der Historie abgerufene Befehle auf Einfügen bzw. auf Überschreiben. Die Standardeinstellung ist Überschreiben.

Makro-Optionen

Makroname=Befehl
> Definiert ein Makro. Innerhalb des *Befehl*s können die folgenden Variablen verwendet werden: **$T** fügt ein Trennzeichen ein, **$1** bis **$9** erlauben den Zugriff auf einzelne Parameter, und **$*** fügt alle eingegebenen Parameter ein.

/macros:all
> Zeigt alle vorhandenen Makros an.

/macrofile=*Datei*
> Aktiviert alle in der angegebenen Datei enthaltenen Makros.

/exename=*Exe-Datei*
> Erlaubt die Zuordnung einer ausführbaren Datei zu dem Makro, das soeben definiert wird.

/macros:*Exe-Datei*
> Zeigt alle vorhandenen Makros an, die der angegebenen ausführbaren Datei zugeordnet sind.

Die Tastenkombination Alt+F10 löscht alle definierten Makros.

find
AllOS

find [*Optionen*] *"Zeichenfolge"* [*Dateien*]

Sucht in den angegebenen Dateien, in einem über die Tastatur eingegebenen Text oder über eine Pipe in Standard-Input nach *Zeichenfolge* und gibt diejenigen Zeilen aus, die *Zeichenfolge* enthalten.

Optionen

/v

> Zeigt nur die Zeilen an, in denen die Zeichenfolge nicht vorkommt.

/i

> Ignoriert Groß-/Kleinschreibung beim Vergleich.

/c

> Zeigt nur die Anzahl der übereinstimmenden Zeilen an.

/n

> Zeigt vor jeder Zeile die Zeilennummer an.

---

findstr   Alle OS

findstr [*Optionen*] **/c**:*Zeichenfolge* | **/g**:*Datei* | *Zeichenfolgen*
    [*Dateien*]

Sucht in den angegebenen Dateien nach einer oder mehreren Zeichenfolgen oder regulären Ausdrücken und gibt übereinstimmende Zeilen
aus. Wenn keine Dateien angegeben wurden, wird Standard-Input
durchsucht. Falls Sie mehrere Suchbegriffe verwenden wollen, müssen
Sie diese in Anführungszeichen einschließen.

Optionen

/r

> Interpretiert die Zeichenfolge als regulären Ausdruck.

/l

> Interpretiert die Zeichenfolge buchstabengetreu.

/c:*Zeichenfolge*

> Kennzeichnet die angegebene Zeichenfolge als Suchbegriff. Diese
> Option ist dann besonders hilfreich, wenn der Suchbegriff Leerzei
> chen enthält.

/g:*Datei*

> Liest die Suchausdrücke aus der angegebenen Datei. Ein Schräg
> strich anstelle des Dateinamens bedeutet, dass der Dateiname an
> der Eingabeaufforderung abgefragt wird.

/b | **/e**

> Übereinstimmende Zeilen werden nur dann ausgegeben, wenn die
> Übereinstimmung am Anfang (**/b**) oder am Ende (**/e**) der Zeile auf
> tritt. Es kann nur eine dieser beiden Optionen verwendet werden.

/i

> Vergleicht ohne Berücksichtigung von Groß-/Kleinschreibung.

/v

Zeigt nicht-übereinstimmende Zeilen an.

/x

Zeigt nur exakt übereinstimmende Zeilen an.

/n | /o

Zeigt die Zeilennummer (**/n**) oder die Anzahl der Zeichen vom Dateianfang bis zur Übereinstimmung (**/o**) für jede Fundstelle an.

/m

Zeigt nur die Namen der Dateien an, in denen eine Übereinstimmung gefunden wurde.

/s

Sucht in den angegebenen Dateien im aktuellen Verzeichnis und allen Unterverzeichnissen.

/f: *Datei*

Liest die Dateiliste aus der angegebenen Datei. Ein Schrägstrich anstelle des Dateinamens bedeutet, dass der Dateiname bei der Eingabeaufforderung abgefragt wird.

/d: *Verzeichnisliste*

Durchsucht die Dateien in der angegebenen Verzeichnisliste. Die einzelnen Verzeichnisse werden durch ein Komma voneinander getrennt.

/p

Dateien, die nicht-druckbare Zeichen enthalten, werden übersprungen.

Bestandteile von regulären Ausdrücken

.

Ein beliebiges Zeichen.

^ $

Der Anfang oder das Ende einer Zeile.

\< \>

Der Anfang oder das Ende eines Wortes.

*x***

Zeichen *x* verwenden, auch wenn es ein Metazeichen ist (z.B. bedeutet **\$**, dass das Dollar-Zeichen verwendet wird).

[*Zeichenliste* **]**

Ein beliebiges Zeichen aus der Liste.

[^*Zeichenliste*]
    Ein beliebiges Zeichen, das nicht in der Liste enthalten ist.

[*a–z*]
    Ein beliebiges Zeichen aus dem angegebenen Bereich. Es können mehrere Bereiche und Listen von Zeichen in den Klammern angegeben werden.

*
    Keines oder mehrere Zeichen aus der angegebenen Liste. Zum Beispiel bedeutet [0–9]* keine oder mehrere Nummern, und .* bedeutet keines oder mehrere beliebige Zeichen.

more   AllOS

`more` [*Optionen*] [*Dateien*]

Anzeige des Standard-Input oder von Dateien mit Pause nach jeder Seite.

Optionen

/c
    Löscht den Bildschirm, bevor die erste Seite angezeigt wird.

/s
    Zeigt nur eine Leerzeile an, wenn mehrere Leerzeilen aufeinander folgen.

/t*n*
    Konvertiert Tabulatoren in *n* Leerzeichen. Standardwert für *n* sind acht Leerzeichen.

+*n*
    Beginnt mit der Anzeige in Zeile *n* der Eingabe oder der ersten Datei.

Dieser Befehl verwendet auch alle Optionen, die gegebenenfalls in der Umgebungsvariablen MORE gesetzt sind.

Die Hilfe beschreibt zusätzlich die an der Eingabeaufforderung »-- Fortsetzung --« akzeptierten Befehle zur Steuerung der Anzeige.

now   NT4RK, W2kRK, W2k3RK

`now` *Zeichenfolge*

Gibt die angegebene *Zeichenfolge* mit vorangestelltem Datum und Uhrzeit aus. Dieser Befehl wird gerne für die Erstellung von Nachrichten mit Zeitstempel verwendet.

PATH

PATH [*Pfad*]

Zeigt den Suchpfad an oder verändert ihn (eine durch Semikolon getrennte Verzeichnisliste). **%path%** kann verwendet werden, um den aktuellen Suchpfad in einen veränderten Suchpfad einzufügen.

pathman

pathman */xy Pfad*

Verändert die Benutzer- oder System-Pfadvariable entsprechend der angegebenen Option. Der Platzhalter *x* kann mit dem Wert **a** verwendet werden, um dem Pfad weitere Komponenten hinzuzufügen, oder mit **r**, um dem Pfad Teile wegzunehmen. Der Platzhalter *y* kann mit **u** angegeben werden, um die Benutzervariable anzusprechen, oder mit **s**, um die Systemvariable anzusprechen.

qgrep

qgrep [*Optionen*] *reguläre-Ausdrücke Dateien*

Durchsucht Dateien nach regulären Ausdrücken und gibt die Zeilen aus, die mit den regulären Ausdrücken übereinstimmen.

Optionen

-B | -E

Die Übereinstimmung muss am Anfang (**-B**) oder am Ende (**-E**) einer Zeile auftreten.

-L | -X

Definiert die Suchzeichenfolge als Text (**-L**) oder als regulären Ausdruck (**-X**). Die Option **-X** ist der Standardwert.

-v | -x

Gibt entweder die Zeilen aus, die nicht mit der Suchzeichenfolge übereinstimmen (**-v**), oder die Zeilen, die mit der Suchzeichenfolge exakt (**-x**) übereinstimmen.

-y

Ignoriert Groß-/Kleinschreibung.

-n

Gibt die Zeilen mit einer vorangestellten Zeilennummer aus.

-l

Gibt nur den Dateinamen an, wenn in der Datei eine Übereinstimmung mit dem Suchstring gefunden wird.

---

setx NT4RK, W2kRK, XPST, W2k3ST, Vista

setx *Umgebungsvariable Wert* [**/m**] [**/s** *Computer* [**/u** *Benutzer* **/p** *Passwort*]]

Setzt den Wert einer Umgebungsvariablen für den angemeldeten Benutzer oder den Computer (**/m**) auf dem lokalen oder angegebenen System. **setx** hat noch komplexere Variationen. Verwenden Sie **setx -?** für weitere Informationen.

---

shutdown NT4RK, W2kRK, XP, W2k3, Vista

shutdown [**-l** | **-s** | **-r** | **-a**] [**-f**] [**-m** *Computer*] [**-t** *xx*] [**-c** "*Kommentar*"]

Computer oder das lokale System wird nach Ablauf der Zeitspanne *xx* (in Sekunden) heruntergefahren (**-s**) bzw. neu gestartet (**-r**). Mit **-a** kann ein solcher Vorgang abgebrochen werden. Handelt es sich um den lokalen Computer, so wird der aktuelle Benutzer mit **-l** abgemeldet.

In der Zeit *xx* bis zum Start des Vorgangs kann dem angemeldeten Benutzer mit **-c** *Kommentar* eine Meldung angezeigt werden.

Die Syntax dieses Befehls unterscheidet sich zwischen den Windows-Versionen. Hier ist jene von Server 2003 und XP/Vista dokumentiert.

---

sort AllOS

sort [*Optionen*] [*Datei*]

Sortiert Standard-Input oder *Datei*, falls angegeben.

Optionen

/r

Kehrt die Sortierreihenfolge um (also von Z bis A und dann von 9 bis 0).

/+*n*

Beginnt in Spalte *n* mit der Sortierung.

/rec *n*

Definiert die maximale Anzahl von Zeichen (*n*) pro Datensatz. Der Standardwert ist 4.096, der Maximalwert ist 65.535.

/t *Pfad*

> Verwendet das angegebene Verzeichnis als temporäres Arbeitsverzeichnis des Befehls anstelle des Temp-Verzeichnisses des Systems.

/o *Pfad-der-Ausgabedatei*

> Schreibt die sortierten Daten in die angegebene Datei anstatt nach Standard-Output.

TIME AllOS

`TIME [std[:min[:sec[.hd]]]] [/t]`

Stellt die angegebene Uhrzeit ein oder fragt danach, wenn sie nicht angegeben wurde. Mit der Option **/t** wird die Zeit angezeigt, ohne sie zu ändern.

VER AllOS

`VER`

Zeigt die Version des Betriebssystems an.

---

where W2kRK, W2k3, Vista

`where [/r Verzeichnis] Dateiname`

Durchsucht den Suchpfad oder das angegebene Verzeichnis und alle Unterverzeichnisse nach *Dateiname*. Von jeder Fundstelle wird der volle Pfad inklusive *Dateiname* ausgegeben.

Optionen

/t

> Zeigt die Größe und Datum/Uhrzeit aller gefundenen Dateien an.

Dateien und Verzeichnisse

ASSOC AllOS

`ASSOC [.erw=Dateityp]`

Assoziiert eine Dateierweiterung mit einem Dateityp. Bei Aufruf ohne Parameter werden die aktuellen Zuordnungen angezeigt. Siehe auch **ftype**.

---

attrib

attrib [*Optionen*] [*Dateien*]

Zeigt (ohne *Optionen*) oder ändert die Dateiattribute der angegebenen *Dateien* oder der Dateien im aktuellen Verzeichnis.

Optionen

+*x* | -*x*

> Setzt oder löscht ein Attribut. *x* kann dabei einen der folgenden Werte annehmen: **r** (Schreibschutz), **h** (Versteckt), **s** (System), **a** (Archiv) oder **i** (nicht indiziert).

/**s**

> Der Befehl verarbeitet auch Dateien in allen Unterverzeichnissen.

/**d**

> Es werden auch Verzeichnisse verarbeitet.

/**l**

> Es werden die Attribute von symbolischen Links anstelle jener der Linkziele verändert.

CD

CD [/**d**] [*Pfad*]

Zeigt oder setzt das aktuelle Arbeitsverzeichnis. Wenn *Pfad* keinen Laufwerksbuchstaben enthält, wird das aktuelle Laufwerk verwendet. Die Option /**d** bewirkt, dass das aktuelle Arbeitsverzeichnis auf das angegebene Laufwerk gesetzt wird, anstatt nur das Arbeitsverzeichnis einzustellen. Zwei Punkte (**..**) werden verwendet, um das darüber liegende Verzeichnis anzusprechen.

CHDIR ist ein Synonym für **CD**.

cipher

Bietet weitgehende Steuerungsmöglichkeiten für das verschlüsselnde Dateisystem (EFS).

cipher *Pfad*

Zeigt den Verschlüsselungsstatus von *Pfad* an.

```
cipher /e | /d Pfad
```

Verschlüsselt (**/e**) oder entschlüsselt (**/d**) eine Datei oder ein Verzeichnis. Dateien, die verschlüsselten Verzeichnissen später hinzugefügt werden, werden ebenfalls verschlüsselt.

```
cipher /e | /d /s:Verzeichnis
```

Ver- bzw. entschlüsselt alle Unterverzeichnisse von *Verzeichnis*.

```
cipher /k
```

Erstellt ein neues EFS-Zertifikat samt privatem Schlüssel.

```
cipher /r Dateiname [/smartcard]
```

Generiert einen privaten Schlüssel und ein Zertifikat für den EFS-Wiederherstellungsagenten. Das Zertifikat wird in *Dateiname*.cer gespeichert. Falls die Option **/smartcard** nicht angegeben wurde, wird der Schlüssel in *Dateiname*.pfx gespeichert, ansonsten ausschließlich auf einer Smartcard abgelegt.

Weitere Optionen

/b

> Abbruch bei Fehler (standardmäßig wird im Fehlerfall fortgefahren).

/h

> Der Befehl wird auch auf versteckte Dateien und Systemdateien angewandt.

Weitere Optionen können der Hilfe des Befehls entnommen werden. Die Syntax des Befehls ist in verschiedenen Windows-Versionen unterschiedlich. Hier ist jene von Windows Vista beschrieben.

comp
AllOS

```
comp [Optionen] Dateigruppe1 Dateigruppe2
```

Vergleicht zwei Gruppen von Dateien (oder einzelne Dateien). Wenn mehrere Dateien angegeben wurden, werden Dateien mit jeweils gleichem Namen verglichen. Unterschiede werden nur für gleich große Dateien ausgegeben. Verwenden Sie **fc**, um Dateien unterschiedlicher Größe zu vergleichen.

Optionen

/a

> Gibt die Unterschiede in ASCII-Darstellung aus. Standard ist die Ausgabe in Dezimaldarstellung.

/l
> Zeigt die Zeilennummern der unterschiedlichen Zeilen an.

/c
> Vergleicht, ohne auf Groß- und Kleinschreibung zu achten.

/n=*n*
> Vergleicht nur die ersten *n* Zeilen jeder Datei.

---

compact AllOS

`compact` [`Optionen`] [`Dateien`]

Komprimiert oder dekomprimiert die angegebenen Dateien, stellt den Standard für Verzeichnisse ein oder zeigt den Komprimierungsgrad der Dateien an. Wenn keine Dateien angegeben wurden, wird das aktuelle Verzeichnis und die darin enthaltenen Dateien verwendet.

Optionen

/c | /u
> Gibt an, ob komprimiert (**/c**) oder dekomprimiert (**/u**) werden soll.

/s[:*Verzeichnis*]
> Der Befehl wirkt sich auch auf alle Unterverzeichnisse und die darin enthaltenen Dateien aus.

/f
> Erzwingt die Komprimierung bereits komprimierter Dateien. Standardmäßig werden diese Dateien übersprungen.

/i
> Setzt den Vorgang fort, auch wenn ein Fehler auftritt.

/q
> Deaktiviert den ausführlichen Anzeigemodus.

/a
> Zeigt auch Dateien an, die die Eigenschaften »Versteckt« (H) oder »System« (S) haben. Diese Dateien werden normalerweise nicht angezeigt, obwohl sich der Befehl auf sie auswirkt.

COPY AllOS

`COPY` [`Optionen`] `Quelle Ziel`

Kopiert Dateien von *Quelle* nach *Ziel*. Wenn *Ziel* eine einzelne Datei ist, werden alle in *Quelle* genannten Dateien aneinander gehängt. Das Aneinanderhängen von Dateien kann auch explizit eingestellt werden; verwenden Sie dazu die folgende Syntax: *Datei1* + *Datei2* + ...

Optionen

/a | /b

Kennzeichnet entweder ASCII- (**/a**) oder Binärdaten (**/b**) und wird einem Quell-Dateinamen vorangestellt sowie dem Ziel-Dateinamen angehängt.

/v

Überprüft die kopierten Daten, nachdem sie geschrieben wurden.

/n

Erzwingt für die kopierten Dateien die Verwendung von Dateinamen im 8.3-Format.

/z

Kopiert Dateien im Netz; eine unterbrochene Operation kann fortgesetzt werden.

/y | /-y

Unterdrückt (**/y**) oder verlangt (**/-y**) eine Bestätigung beim Überschreiben von Dateien.

DEL Alle OS

`DEL [Optionen] Dateien`

Löscht Dateien. **ERASE** ist ein Synonym für **DEL**.

Optionen

/s

Der Befehl wirkt sich auch auf die in Unterverzeichnissen enthaltenen Dateien aus.

/q

Unterdrückt alle Bestätigungsaufforderungen.

/p

Verlangt eine Bestätigung für jeden Löschvorgang.

/f

Erzwingt das Löschen schreibgeschützter Dateien.

/a:*Code*

Beschränkt die Operation auf Dateien mit den angegebenen Attributen: **H** für versteckte Dateien, **S** für Systemdateien, **R** für schreibgeschützte Dateien und **A** für Dateien mit dem Attribut »Archiv«.

DIR

DIR [*Optionen*] [*Pfad*]

Zeigt den Inhalt des aktuellen Verzeichnisses bzw. von *Pfad* an.

Optionen

Optionen können in der Umgebungsvariablen DIRCMD angegeben werden. Um die dort angegebenen Optionen zu deaktivieren, geben Sie sie in der Befehlszeile mit einem führenden Minuszeichen an, z.B. **/-n**.

/b

Zeigt nur die Datei- bzw. Verzeichnisnamen an, Größen- und Datumsinformationen sowie Kopf- und Fußzeile werden weggelassen.

/w | /d

Zeigt mehrere Datei- bzw. Verzeichnisnamen pro Ausgabezeile an. Angeordnet in Zeilen (**/w**) oder Spalten (**/d**).

/q

Gibt den Besitzer der Dateien an.

/r

Zeigt alternative Datenströme (ADS) an.

/n

Ausführliche, UNIX-ähnliche Darstellung. Die Dateinamen stehen auf der rechten Seite. Dies ist die Standardeinstellung.

/l

Zeigt alle Namen in Kleinbuchstaben an.

/x

Zeigt zusätzlich zu den langen Dateinamen auch die Namen im 8.3-Format an.

/s

Zeigt auch den Inhalt aller Unterverzeichnisse an.

/o:*Sortierkriterium*

Legt die Sortierreihenfolge der Verzeichniseinträge fest. Es werden die folgenden Kürzel verwendet: **n** (Namen), **e** (Erweiterungen), **s** (Größe), **d** (Datum und Uhrzeit) und **g** (Verzeichnisse zuerst). Ein Minuszeichen vor dem jeweiligen Kürzel kehrt die normale Sortierreihenfolge um.

/t:*Zeittyp*

Definiert, welche Zeit angezeigt und zur Sortierung verwendet wird: **c** (Erstellung), **a** (letzter Zugriff) oder **w** (letzter Schreibzugriff; der Standardwert).

/a:*Code*

Beschränkt die Anzeige auf Dateien mit den angegebenen Attributen: **d** für Verzeichnisse, **h** für versteckte Dateien, **s** für Systemdateien, **r** für schreibgeschützte Dateien und **a** für Dateien mit dem Attribut »Archiv«. Um Dateien mit bestimmten Eigenschaften auszuschließen, geben Sie ein Minuszeichen vor dem Code des entsprechenden Attributs an.

/c | /-c

Tausender-Trennzeichen in Dateigrößen anzeigen (**/c**, Standardwert) bzw. nicht anzeigen (**/-c**).

/4

Zeigt das Jahr vierstellig an.

/p

Zeigt die Ausgabe seitenweise an.

---

diruse

`diruse [/*] [Verzeichnisse]`

Zeigt den belegten Platz jedes angegebenen Verzeichnisses an.

Optionen

/s

Gibt die Summe für jedes Unterverzeichnis an.

/m | /k

Zeigt Werte in Megabyte oder Kilobyte. Die Anzeige in Byte ist die Standardeinstellung.

/c

Verwendet anstelle der »echten« Dateigröße die komprimierte Dateigröße.

/q:*n* [**/a**] [**/d**] [**/o**]

Markiert alle Ordner, die über die angegebene Größe *n* hinausgehen (in Bytes, wenn **/k** und **/m** nicht angegeben sind), mit einem **!** in der Ausgabe. **/a** erzeugt einen Alarm, **/d** limitiert die Ausgabe der Verzeichnisse auf diejenigen, die die angegebene Größe überschreiten, und **/o** überprüft nur die Größe des eigentlichen Ordners, ohne die darin enthaltenen Unterverzeichnisse mit einzubeziehen.

/,

Verwendet Tausender-Trennzeichen in den Größenangaben (in der deutschen Ländereinstellung ein Punkt).

/*

Zeigt die Größen aller Verzeichnisse an, die sich eine Ebene unterhalb der angegebenen Verzeichnisse befinden (z.B. d:\users\userA, d:\users\userB, ...).

diskuse

diskuse [*Pfad*] [*Optionen*]

Zeigt den belegten Platz pro Benutzerkonto für das aktuelle oder angegebene Verzeichnis an.

Optionen

/u:*Benutzer*

Beschränkt die Ausgabe des Befehls auf den angegebenen Benutzer.

/s

Der Befehl bearbeitet auch alle Unterverzeichnisse.

/t

Formatiert die Ausgabe tabellarisch.

efsinfo

efsinfo [*Pfad* | **/s:***Verzeichnis*]

Zeigt Informationen über verschlüsselte Dateien und Verzeichnisse an. Standardmäßig wird der Status der Einträge im aktuellen oder angegebenen Verzeichnis ausgegeben (bei der Angabe von **/s** werden auch die Unterverzeichnisse mit ausgegeben).

Optionen

[**/r**] | [**/c**]

Gibt für jeden Eintrag auch Informationen über den Wiederherstellungsagenten (**/r**) oder das Zertifikat (**/c**) aus.

/y

Zeigt den Fingerabdruck des lokalen EFS-Zertifikates an.

/i

Der Befehl wird auch nach Auftreten eines Fehlers fortgesetzt.

/t

Aktualisiert den Schlüssel aller EFS-Dateien im angegebenen oder aktuellen Verzeichnis und dessen Unterverzeichnissen.

Anmerkung: Der Befehl **cipher** kann **efsinfo** meist ersetzen.

Dekomprimiert Dateien aus CAB-Dateien.

expand -d *CAB-Datei*

Zeigt den Inhalt der CAB-Datei an.

expand *CAB-Datei* **-f:***Dateien Ziel*

Dekomprimiert die angegebenen Dateien (Wildcards sind zulässig) aus der CAB-Datei nach *Ziel*.

Anmerkung: Der Befehl **extract** extrahiert ebenfalls Dateien aus CAB-Archiven.

---

fc   AllOS

fc [*Optionen*] *Dateigruppe1 Dateigruppe2*

Vergleicht Dateien oder Dateigruppen und zeigt die Unterschiede an. Wenn mehrere Quelldateien angegeben wurden, werden sie mit gleichnamigen Dateien der zweiten Dateigruppe verglichen.

Optionen

/b | **/l** | **/u**

Vergleicht die Dateien als Binärdateien (**/b**), als ASCII-Textdateien (**/l**) oder als Unicode-Textdateien (**/u**). Die Option **/b** kann mit keiner anderen Option kombiniert werden.

/c

Vergleicht, ohne auf Groß- und Kleinschreibung zu achten.

/w

Fasst mehrere aufeinander folgende Tabulator- oder Leerzeichen vor dem Vergleich zusammen.

/t

Wandelt Tabulator- nicht in Leerzeichen um.

/lb*n*

Stellt die Maximalzahl aufeinander folgender ungleicher Zeilen ein.

/*n*

Stellt die Anzahl aufeinander folgender Zeilen ein, die nach einer Abweichung übereinstimmen müssen, bevor die Dateien wieder als synchron angesehen werden. Der Standardwert ist 2.

/a

Beschränkt die Anzeige auf die erste und letzte Zeile jeder Abweichung.

/n

Zeigt bei Textdateien Zeilennummern an.

filever NT4RK, W2kST, W2k3ST

`filever` [*Optionen*] *Datei(en)*

Zeigt die Version der angegebenen Datei(en) an.

Optionen

/s

Der Befehl wirkt sich auch auf alle Unterverzeichnisse aus.

/b

Einfaches Format; jede Datei wird ohne die Kopfzeile angezeigt.

/v

Ausführliche Ausgabe.

/a /d

Unterdrückt Dateiattribute (**/a**) oder Datum und Uhrzeit (**/d**) in der Ausgabe.

/e

Zeigt nur ausführbare Dateien an (z. B. .exe, .dll etc.).

FTYPE AllOS

`FTYPE` [*Dateityp=Öffnen-Befehl*]

Bearbeitet die Zuordnungen von Dateitypen zu Öffnen-Befehlen. Ohne Angabe von Parametern werden die aktuellen Zuordnungen angezeigt. Bei Angabe eines Dateityps wird dessen Öffnen-Befehl auf *Öffnen-Befehl* gesetzt. Siehe auch **ASSOC**.

inuse W2kRK, W2k3

`inuse` *Ersatz-Datei Gesperrte-Datei* [**/y**]

Ersetzt eine gesperrte Datei nach dem nächsten Systemstart (der Vorgang wird von **inuse** in der Registrierung vermerkt). Beide Dateien müssen mit ihrem kompletten Pfad angegeben werden. **/y** unterdrückt die Bestätigungsaufforderung.

MD

MD *Pfad*

Legt das angegebene Verzeichnis und alle fehlenden, dazwischenliegen-
den Unterverzeichnisse an. **MKDIR** ist ein Synonym für **MD**.

MOVE

MOVE [**/y**] *Dateien Ziel*

Verschiebt Dateien in ein anderes Verzeichnis. Die Option **/y** unterdrückt Bestätigungsaufforderungen zum Überschreiben bestehender
Zieldateien.

ntbackup

ntbackup backup [**systemstate**] [**"@***Datei***.bks"**] **/j** *Auftragsname*
    [*Optionen*]

Erstellt ein Backup mit dem Jobnamen *Auftragsname*. Die Auswahl der
zu sichernden Verzeichnisse kann über eine .bks-Datei erfolgen, die im
grafischen Modus von **ntbackup** erstellt worden sein muss.

Wenn **systemstate** angegeben wurde, werden auch die Systemdatenbanken mitgesichert (u.a. die Registrierung und die Active Directory-
Datenbank).

Wiederherstellungsoperationen können nur im grafischen Modus von
ntbackup ausgeführt werden. Informationen über Rücksicherungen von
Systemdatenbanken finden Sie unter **ntdsutil**.

Optionen

Nur eine der folgenden drei Optionsgruppen kann verwendet werden:

/a /g *Guid* | **/t** *Bandname*
    Hängt das Backup am Ende des Bandes an; standardmäßig wird das
    Band überschrieben. Um das Ziel zu definieren, verwenden Sie **/g**
    (für GUID) oder **/t** (für Bandname).

/p *Poolname*
    Definiert den Medienpool, der als Ziel für die Sicherung verwendet
    werden soll. Das Programm sucht das erste verfügbare Backup-
    Medium und formatiert es, um es dann für die Datensicherung zu
    verwenden.

/f *Dateiname*

    Schreibt die Datensicherung in eine Datei mit dem angegebenen Namen.

Die in der .bks-Datei angegebenen Optionen dienen als Standardeinstellungen für das Backup. Die folgenden Optionen können diese Voreinstellungen überschreiben:

/v:yes | no

    Überprüft das Backup, nachdem es geschrieben wurde.

/hc:on | off

    Aktiviert die Hardware-Komprimierung des Bandlaufwerkes.

/n *Name*

    Definiert den Namen des Backup-Mediums. Ungültig in Verbindung mit **/a**.

/d *Beschreibung*

    Gibt eine Beschreibung der Sicherungssätze an.

/m *Sicherungsart*

    Wählt eine der folgenden Sicherungsarten aus: **normal**, **copy**, **incremental**, **differential** oder **daily**.

/r:yes | no

    Beschränkt den Zugriff auf das Band auf den Besitzer und Mitglieder der Gruppe Administratoren.

/l: *Typ*

    Definiert die Art des Loggings: **f** (Voll), **s** (Zusammenfassung) oder **n** (Kein).

/rs:yes | no

    Sichert die im Remote-Speicher befindlichen migrierten Datendateien.

/DS *Server*

    Sichert die Verzeichnisdienstdatei des angegebenen Exchange-Servers.

/IS *Server*

    Sichert die Informationsspeicherdatei des angegebenen Exchange-Servers.

/snap:on | off

    Gibt an, ob eine Volumenschattenkopie für die Sicherung erstellt werden soll (erst ab Windows Server 2003).

Anmerkung: Unter Windows Vista übernimmt **wbadmin** die Funktion von **ntbackup**. Zum Wiederherstellen von mit **ntbackup** erstellten Sicherungen unter Vista ist das Tool »Windows NT Backup – Restore Utility« bei Microsoft frei erhältlich.

---

oh

oh [*Optionen*]

Zeigt offene Handles aller Prozesse an.

Optionen

-p *pid*
> Beschränkt die Anzeige auf die Handles des angegebenen Prozesses.

-t *Typ*
> Beschränkt die Anzeige der Handles auf den angegebenen Typ.

Zeichenfolge
> Beschränkt die Anzeige der Handles auf solche, die *Zeichenfolge* im Namen enthalten.

-a
> Schließt unbenannte Objekte ein.

Wenn mehrere Optionen angegeben wurden, werden nur die Handles aufgelistet, die allen Optionen entsprechen.

Vor der Verwendung von **oh** muss das Object Type List Flag mit dem Befehl **oh +otl** aktiviert werden. Daraufhin ist das System neu zu starten.

Anmerkung: Process Explorer von *http://www.sysinterals.com* ist eine sehr mächtige grafische Alternative zu **oh**.

RD

RD [*Optionen*] *Pfad*

Löscht ein leeres Verzeichnis oder ganze Verzeichnisbäume. **RMDIR** ist ein Synonym für **RD**.

Optionen

/s
> Löscht das Verzeichnis samt aller Unterverzeichnisse und Dateien.

/q
> Unterdrückt die Aufforderung zur Bestätigung bei Verwendung von **/s**.

---

recover

recover *Dateiname*

Liest eine Datei Sektor für Sektor ein und stellt die lesbaren Sektoren wieder her. Dieser Befehl kann verwendet werden, um noch lesbare Teile von Dateien eines defekten Datenträgers zu retten.

REN

REN *Pfad Neuer-Name*

Benennt die angegebene Datei um. **RENAME** ist ein Synonym für **REN**.

replace

replace *Quelldateien Ziel* [*Optionen*]

Ersetzt bzw. aktualisiert Dateien im Zielverzeichnis.

Optionen

/a

Fügt neue Dateien im Zielverzeichnis hinzu (kann nicht mit **/u** oder **/s** verwendet werden).

/u

Aktualisiert nur die Zieldateien, die älter als die entsprechenden Quelldateien sind.

/s

Führt den Befehl auch in allen Unterverzeichnissen aus.

/r

Ersetzt auch schreibgeschützte Dateien.

/p

Erzwingt eine Bestätigung für jedes Ersetzen oder Hinzufügen einer Datei.

robocopy

robocopy *Quelle Ziel* [*Dateien*] [*Optionen*]

Äußerst leistungsfähiges und zuverlässiges Tool zum Kopieren und Synchronisieren von Verzeichnissen. *Quelle* und *Ziel* sind Verzeichnisse, die auch als UNC-Pfade angegeben werden können. Die zu kopierenden *Dateien* können mit Wildcards eingeschränkt werden (Standard: *.*).

Hier werden nur die wichtigsten Optionen beschrieben, eine genaue Dokumentation findet sich in der Datei **robocopy.doc** (enthalten in den Resource Kits).

Optionen

/s | /e

Kopiert alle Unterverzeichnisse (**/e**) bzw. alle nicht leeren Unterverzeichnisse (**/s**).

/b

Verwendet den Backup-Modus (wie ein Backup-Programm): Sofern der angemeldete Benutzer auf dem Quell-Server über das Privileg SeBackupPrivilege (Sichern von Dateien und Verzeichnissen) verfügt, kann auf alle Dateien zugegriffen werden, unabhängig von den gesetzten Berechtigungen.

/CopyAll

Kopiert zusätzlich zu Daten, Attributen und Zeitstempeln auch die Sicherheitsbeschreibungen (Berechtigungen, Besitzer, Überwachungseinstellungen) der Dateien.

/mir

Spiegelt den Verzeichnisbaum. In *Quelle* nicht mehr vorhandene Dateien werden in *Ziel* gelöscht!

/move

Verschiebt, anstatt zu kopieren.

/xf *Namen* | **/xd** *Namen*

Schließt die angegebene(n) Datei(en) (**/xf**) bzw. Verzeichnis(se) (**/xd**) vom Kopiervorgang aus.

/r:n

Anzahl der Wiederholungen (Versuche eine Datei zu kopieren, die z.B. gerade gesperrt ist). Der Standardwert beträgt eine Million! Im Normalfall ist der Wert 0 für *n* am sinnvollsten.

/log[+]: Datei

Protokolliert alle Vorgänge in der angegebenen Datei. Bei Verwendung des Plus-Zeichens wird an die Datei angehangen, anstatt sie zu überschreiben.

/tee

Sinnvoll in Kombination mit **/log**. Gibt alle Ausgaben auch auf Standard-Output aus.

Anmerkung: **robocopy** wurde stetig weiterentwickelt. Die bei Windows Vista enthaltene Version bietet die meisten Optionen. Leider ist dort die ausführliche Dokumentation **robocopy.doc** nicht enthalten.

sfc W2k, XP, W2k3, Vista

sfc [*Optionen*]

Überprüft geschützte Systemdateien und ersetzt ggf. falsche Versionen durch die jeweiligen Microsoft-Originalversionen.

Optionen
/ScanNow
> Überprüft und repariert ggf. alle Systemdateien.

/VerifyOnly
> Überprüft, ohne zu reparieren.

/ScanFile=*Datei*
> Überprüft und repariert ggf. die angegebene Systemdatei.

/VerifyFile=*Datei*
> Überprüft die angegebene Datei, ohne zu reparieren.

Anmerkung: Die Syntax von **sfc** ist bei Windows Vista anders als bei früheren Versionen. Hier ist die Vista-Version beschrieben.

tree AllOS

tree *Verzeichnis* [*Optionen*]

Zeigt eine Baumansicht der Unterverzeichnisse des angegebenen oder aktuellen Verzeichnisses.

Optionen
/a
> Erzwingt die Verwendung von ASCII-Zeichen anstelle von erweiterten Grafikzeichen.

/f
> Zeigt auch Dateinamen an.

TYPE AllOS

TYPE *Datei*

Zeigt den Inhalt von *Datei* an.

wbadmin

Verwaltet Datensicherungen und führt Backups durch. Als Speichermedien werden Festplatten, Freigaben im Netzwerk und optische
Medien (z.B. DVDs), jedoch keine Bandlaufwerke unterstützt.

wbadmin get status

Zeigt den Status des aktuellen Auftrags an.

wbadmin get versions [-backuptarget:*Pfad* [-machine:*Computer*]]

Listet Sicherungen auf dem lokalen System auf oder am angegebenen
(Netzwerk-) *Pfad*. Optional kann auf Sicherungen eines bestimmten
Computers gefiltert werden.

wbadmin get items -version:*VersionsID* [-backuptarget:*Pfad* [-machine:*Computer*]]

Zeigt die Elemente einer durch ihre *VersionsID* spezifizierten Sicherung
an (sonstige Optionen wie bei **get versions**). Verfügbare *VersionsIDs*
können mit **get versions** aufgelistet werden. Sie werden in folgendem
Format angegeben: *mm/tt/jjjj-hh:mm*.

wbadmin start backup -backuptarget:*Pfad* -include:*Laufwerke* [-noverify] [-quiet]

Führt eine Sicherung der angegebenen *Laufwerke* (kommagetrennte
Liste) durch und speichert sie in (Netzwerk-) *Pfad*. Optional kann die
Überprüfung von auf Wechseldatenträgern gespeicherten Sicherungen
übergangen (**/noverify**) und der stille Modus ohne Benutzerinteraktion
(**/quiet**) eingeschaltet werden.

wbadmin stop job [-quiet]

Bricht die aktuell durchgeführte Sicherung oder Wiederherstellung ab.

xcopy

xcopy *Dateien Ziel* [*Optionen*]

Kopiert Dateien und ganze Verzeichnisbäume.

Optionen

/exclude:*Ausschlussdatei*
> Nimmt alle Dateien vom Kopiervorgang aus, deren Pfad eine der
> Zeichenfolgen der *Ausschlussdatei* enthält. Mehrere Ausschluss-
> dateien können mit + aneinander gehängt werden.

/u

Aktualisierungsmodus: Es werden nur die Dateien kopiert, die bereits im Zielverzeichnis vorhanden sind.

/d:*Monat-Tag-Jahr*

Kopiert nur die Dateien, die an oder nach dem angegebenen Datum verändert wurden. Ist kein Datum angegeben, werden nur Dateien kopiert, die neuer als die Zieldateien sind.

/a | /m

Kopiert nur Dateien mit gesetztem Archivattribut. Das Attribut »Archiv« wird beibehalten (**/a**) bzw. entfernt (**/m**).

/r

Überschreibt auch schreibgeschützte Dateien.

/k

Behält den schreibgeschützten Status kopierter Dateien bei.

/h

Kopiert auch versteckte Dateien und Systemdateien.

/s

Kopiert Unterverzeichnisse, wenn sie nicht leer sind.

/e

Kopiert auch leere Verzeichnisse (schließt **/s** ein).

/t

Erstellt den Verzeichnisbaum, ohne Dateien zu kopieren (leere Verzeichnisse werden nicht erstellt, sofern nicht auch **/e** angegeben wurde).

/v

Überprüft die kopierten Dateien.

/i

Erzwingt die Interpretation des Ziels als Verzeichnis.

/q | /f

Deaktiviert (**/q**) oder aktiviert (**/f**) den ausführlichen Anzeigemodus.

/l

Zeigt alle Dateien an, die der Befehl kopieren würde, ohne die Dateien wirklich zu kopieren.

/p

Erzwingt die Bestätigung jeder Operation.

/c

Setzt den Kopiervorgang fort, falls Fehler auftreten.

/b

Kopiert symbolische Verknüpfungen anstelle deren Ziele.

/o [/x]

Kopiert Sicherheitsinformationen (DACL und Besitzer) sowie Überwachungseinstellungen (SACL), sofern **/x** angegeben wurde.

/y

Unterdrückt Bestätigungsaufforderungen beim Überschreiben von Dateien.

/w

Fordert vor dem Beginn des Kopierens zu einem Tastendruck auf.

Anmerkung: robocopy ist deutlich mächtiger als **xcopy**, und ab Windows Vista im Betriebssystem enthalten.

Dateisysteme, Volumes und Festplatten

convert   AllOS

`convert` *x*: `/fs:ntfs`

Konvertiert das durch den Laufwerksbuchstaben *x* angegebene Volume in das NTFS-Dateisystem.

Optionen

/x

Hebt die Bereitstellung des Volumes auf. Alle offenen Handles auf dem Volume werden ungültig. Damit kann die Konvertierung auch erfolgen, wenn Dateien auf dem Volume geöffnet sind, allerdings kann dieses Vorgehen Datenverlust zur Folge haben. Wird **/x** nicht angegeben, fragt der Befehl ggf. nach, ob das Volume beim nächsten Systemstart konvertiert werden soll.

/v

Gibt ausführliche Meldungen aus.

/NoSecurity

Es werden keine Standardberechtigungen auf das Volume gesetzt.

chkdsk

`chkdsk` x:[Optionen]

Überprüft das Dateisystem auf Laufwerk x:.

Optionen

/f [/x] [/r [/b]]

Behebt gefundene Fehler. **/x** erzwingt das Aufheben der Bereitstellung des Datenträgers vor der Überprüfung. **/r** sucht fehlerhafte Sektoren und versucht, deren Daten wiederherzustellen. **/b** überprüft als fehlerhaft markierte Cluster erneut.

/l:n

Ändert die Größe der Protokolldatei auf n KB (nur auf NTFS-Dateisystemen). Fehlt die Größenangabe, wird die aktuelle Größe angezeigt.

/i

Verringert den Zeitaufwand durch Auslassen der Prüfung von Indexeinträgen (nur NTFS).

/c

Verringert den Zeitaufwand durch Auslassen der Prüfung von Zyklen innerhalb der Ordnerstruktur (nur NTFS).

/v

Aktiviert den ausführlichen Anzeigemodus.

chkntfs

Verwaltet den Autocheck-Vorgang beim Systemstart, der als fehlerhaft (dirty) markierte Volumes prüft.

`chkntfs` x:

Zeigt den Dateisystemtyp und den Status des Dirty-Bits an.

`chkntfs /d`

Stellt den Standard wieder her: Beim Systemstart werden als dirty markierte Volumes überprüft.

`chkntfs /t:`Sekunden

Zeigt bzw. setzt die Countdown-Zeit, die beim Systemstart vor dem Start einer Überprüfung gewartet wird.

```
chkntfs /x y: z:
```

Nimmt die angegebenen, durch Leerzeichen getrennten Volumes von der nächsten Überprüfung aus.

```
chkntfs /c y: z:
```

Plant die Prüfung der angegebenen, durch Leerzeichen getrennten Volumes beim nächsten Systemstart durch Setzen des Dirty-Bits.

defrag

XP, W2k3, Vista

```
defrag x: [Optionen]
```

Defragmentiert das angegebene Laufwerk.

Optionen

-a

Analysiert das Laufwerk ohne zu defragmentieren und zeigt den Grad der Fragmentierung an.

-c

Defragmentiert alle Volumes des Computers. Bei Verwendung von /c wird kein Laufwerk angegeben.

-f

Erzwingt die Defragmentierung auch bei wenig freiem Speicher.

-w

Führt eine vollständige Defragmentierung durch. Standardmäßig werden nur Fragmente kleiner 64 MB zusammengeführt.

-v

Ausführliche Ausgabe.

Anmerkung: Unter Windows Vista bietet dieser Befehl mehr Optionen als unter den Vorgängerversionen.

diskpart

W2k, XP, W2k3, Vista

Leistungsfähiger Kommandozeileninterpreter zur Verwaltung von Festplatten, Partitionen und Volumes. Kann interaktiv bedient oder durch ein Skript gesteuert werden. Kommandos beziehen sich immer auf das Objekt, das aktuell den Fokus hat. Zum Setzen des Fokus kann zunächst mit **list** [**disk** | **partition** | **volume**] die Nummer des jeweiligen Objektes ermittelt werden. Anschließend wird das gewünschte Objekt mit **select** [**disk** | **partition** | **volume**]=n ausgewählt.

Nachdem ein Objekt den Fokus erhalten hat, können Befehle darauf angewendet werden:

active
> Setzt die gewählte Partition als Bootpartition, von der das Betriebssystem gestartet wird.

add disk=*n*
> Spiegelt das ausgewählte einfache Volume auf dem angegebenen Datenträger mit der Nummer *n*.

assign [**letter**=*L* | **mount**=*Pfad*]
> Weist dem aktiven Volume einen Laufwerksbuchstaben oder Bereitstellungspunkt zu. Ohne weitere Optionen wird der nächste freie Buchstabe zugewiesen.

convert [**basic** | **dynamic** | **gpt** | **mbr**]
> Konvertiert zwischen den Typen »dynamisch« und »Basis« sowie zwischen »GPT« und »MBR«

create partition [**primary** | **extended** | **logical**] [**size**=*n*] [**offset**=*n*]
> Erzeugt eine primäre oder erweiterte Partition bzw. ein logisches Laufwerk innerhalb einer erweiterten Partition. **size** gibt die Größe in MB an (Standard: maximale Größe). **offset** in MB legt fest, wie viel freier Platz vor der Partition gelassen werden soll (Standard: 0 MB).

delete [**disk** | **partition** | **volume**]
> Löscht das ausgewählte Objekt.

detail [**disk** | **partition** | **volume**]
> Zeigt Detailinformationen an.

exit
> Beendet **diskpart**.

extend [**size**=*n*]
> Erweitert das ausgewählte Volume um *n* MB oder um den gesamten an das Volume anschließenden freien Speicherplatz auf dem Datenträger.

help [*Befehl*]
> Zeigt die Hilfe zu den aktuell verfügbaren oder dem angegebenen Befehl an.

rescan
> Sucht nach neuen Datenträgern, die dem Computer möglicherweise hinzugefügt wurden.

shrink querymax

Gibt aus, um wie viel MB das ausgewählte Volume maximal verkleinert werden kann.

shrink [desired=m] [minimum=n]

Verkleinert das ausgewählte Volume um den Maximalbetrag bzw. um die mit **desired** angegebenen m MB. Falls **minimum** angegeben wird, schlägt der Befehl fehl, wenn das Volume nicht um mindestens n MB verkleinert werden kann.

Optionen für alle Befehle

noerr

Bei einem Fehler wird nicht abgebrochen, sondern der nächste Skriptbefehl ausgeführt.

Weitere Kommandos können der Windows-Hilfe bzw. der Hilfe des Befehls entnommen werden.

Anmerkung: Die Vista-Version von **diskpart** wurde gegenüber den Vorgängerversionen erweitert und bietet nun endlich auch eine Funktion zum Verkleinern von Volumes.

---

diskperf

AllOS

`diskperf -y[d | v] | -n[d | v] [\\Rechner]`

Aktiviert (**-y**) bzw. deaktiviert (**-n**) die Leistungsindikatoren für Datenträger auf dem angegebenen Rechner (Standardeinstellung ist das lokale System). **d** gilt für physische und **v** für logische Laufwerke. Beispiel: **-yd** aktiviert den Leistungsindikator für das physische Laufwerk. Die Standardeinstellung aktiviert beide Leistungsindikatoren. Die Änderungen werden erst beim nächsten Neustart des Rechners aktiv.

Anmerkung: Die Leistungsindikatoren für logische und physische Datenträger sind seit Windows 2000 standardmäßig aktiv.

---

format

AllOS

`format x: [Optionen]`

Formatiert das durch den Laufwerksbuchstaben x gekennzeichnete Volume.

Optionen

/fs:Typ

Gibt den Typ des Dateisystems an (NTFS, UDF, FAT32 oder FAT).

/v:_Datenträgerbezeichnung_
> Gibt die Bezeichnung des Datenträgers an.

/a:_n_
> Setzt die Clustergröße auf _n_ Bytes (ergänzen Sie **K** nach _n_, wenn _n_ in Kilobyte angegeben ist). Gültige Werte sind alle Potenzen von 2 zwischen 512 und 64K für NTFS bzw. 8.192 und 16K für FAT.

/c
> Komprimiert alle Dateien auf dem neuen Dateisystem (es muss sich dabei um ein NTFS-Dateisystem mit höchstens 4 KB großen Clustern handeln).

/q
> Führt eine Schnellformatierung durch.

/x
> Erzwingt vor der Formatierung das Aufheben der Bereitstellung des Volumes (Unmount vor der Formatierung).

fsutil XP, W2k3, Vista

Verwaltet interne und komplexe Eigenschaften von Dateisystemen. Details dieses umfangreichen Befehls können der Windows-Hilfe entnommen werden. Im Folgenden werden die wichtigsten Funktionen aufgelistet:

behavior
> Fragt folgende Eigenschaften ab bzw. setzt sie: Erzeugung von 8.3-Namen, Zeichen aus erweiterten Zeichensätzen in 8.3-Namen, Festhalten der Zeit des letzten Zugriffs, Frequenz der Eventlog-Einträge bei Quota-Überschreitung, Speichernutzung des (Non-)Paged Pools, Größe der MFT, Kompression ausschalten, Verschlüsselung ausschalten, Auslagerungsdatei verschlüsseln, Auflösung symbolischer Links.

dirty [**query** | **set**] _Laufwerk_
> Fragt das Dirty-Bit ab bzw. setzt das Dirty-Bit, das festhält, ob ein Laufwerk in einem inkonsistenten Zustand ist und beim nächsten Systemstart durch autochk.exe überprüft wird.

file createnew _Dateiname Länge_
> Erstellt eine leere Datei mit der angegebenen Länge in Bytes.

fsinfo
> Zeigt detaillierte Informationen zu Laufwerken und Volumes an.

hardlink create *NeuerName ExistierendeDatei*

> Erzeugt einen Hard-Link mit dem Dateinamen *NeuerName*, der auf die Datei *ExistierendeDatei* verweist.

quota *Option*

> Aktiviert (**enforce**), deaktiviert (**disable**), listet (**query**) oder bearbeitet (**modify**) Quoten eines Volumes.

transaction

> Verwaltet Dateisystem-Transaktionen.

usn

> Verwaltet USN-Journale.

volume [**diskfree** | **dismount**] *Laufwerk*

> Zeigt den freien Platz eines Volumes an bzw. hebt dessen Bereitstellung auf.

label AllOS

`label` [`x:`] [`Datenträgerbezeichnung`]

Vergibt für das Laufwerk *x* eine Datenträgerbezeichnung (ohne Laufwerksangabe wird die Bezeichnung des aktuellen Laufwerks geändert). Wenn keine *Datenträgerbezeichnung* angegeben wurde, wird sie abgefragt.

linkd W2kRK, W2k3RK

`linkd` *Quelle* [`/d` | `Ziel`]

Erzeugt (*Quelle Ziel*) oder löscht (*Quelle* **/d**) einen Junction Point oder zeigt dessen Ziel. *Quelle* muss ein leeres Verzeichnis auf einem NTFS-Laufwerk sein.

Anmerkung: Unter Windows Vista steht hierfür der Befehl MKLINK zur Verfügung, der zusätzlich symbolische und feste Verknüpfungen (*Symbolic* und *Hard Links*) erzeugen kann.

MKLINK Vista

`MKLINK` [`/d` | `/h` | `/j`] *Verknüpfung Ziel*

Erstellt eine symbolische *Verknüpfung* (Symbolic Link) auf eine Datei bzw. ein Verzeichnis (**/d**). Anstelle einer symbolischen Verknüpfung kann eine feste Verknüpfung (**/h**, Hard Link) oder eine Verzeichnisverbindung (**/j**, Junction Point) erzeugt werden.

Anmerkung: Feste Verknüpfungen und Verzeichnisverbindungen werden seit NTFS 5 (Windows 2000), symbolische Verknüpfungen erst seit NTFS 6 (Windows Vista) unterstützt.

mountvol

`mountvol Verzeichnis [Volume | /d | /l]`

(Dis-) Mount eines Volumes in einem leeren Verzeichnis einer NTFS-Partition. *Volume* muss als GUID in der Form \\?\Volume{GUID}\ angegeben werden. Die GUIDs der vorhandenen Volumes liefert ein Aufruf von **mountvol** ohne Parameter. **/d** hebt die Bereitstellung eines Volumes auf. **/l** zeigt den Namen des ggf. in *Verzeichnis* bereitgestellten Volumes an.

`mountvol /r`

Bereinigung: Löscht Bereitstellungsverzeichnisse und Registrierungseinstellungen im System nicht mehr vorhandener Volumes.

`mountvol /n | /e`

Deaktiviert (**/n**) bzw. aktiviert (**/e**) das automatische Bereitstellen neuer Volumes.

Die in Vista enthaltene Version von **mountvol** bietet mehr Optionen als die Vorgängerversionen.

rsdiag

`rsdiag [Optionen]`

Zeigt Informationen über Remote-Speichermedien an.

Optionen

/s | /v | /m
  Zeigt Informationen über Speichermedien (**/s**), Datenträgernamen (**/f**) und verwaltbare Datenträgersätze (**/m**) an. Die Option **/v** akzeptiert auch Laufwerksbuchstaben.

/w *Vollständiger-Pfad*
  Zeigt das physikalische Speichermedium und das Dataset an, das die Datei aus *Vollständiger-Pfad* enthält.

/j *[Auftragsname]*
  Zeigt alle wartenden Aufträge bzw. detaillierte Informationen über *Auftragsname*.

/c *Auftragsname*

Stoppt den angegebenen Auftrag.

/r [**/f**]

Zeigt den Inhalt der Recall-Queue an, wobei die Option **/f** ausführliche Daten anzeigt.

/x *Recall-Nummer*

Stoppt eine wartende Recall-Operation.

/i

Zeigt Versionsinformationen über die Datenbankdateien an.

/t

Lädt die Logdateien neu.

/d *Typ Vollständiger-Pfad*

Schreibt die Datenbankinformationen in die angegebene Datei. *Typ* gibt die gewünschten Daten an: **e** (Engine-Datenbank), **f** (Datenbank des Dateisystem-Agenten), **a** (Sammlung des Dateisystem-Agenten), **n** (Sammlung der Engine) oder **s** (Sammlung des Subsystems).

---

rsdir

rsdir *Eintrag* [*Optionen*]

Zeigt Informationen über den Status von Dateien im Remote-Speicher an (z. B. ob sie offline sind).

Optionen

/s

Dateiinformationen für dieses Verzeichnis und Unterverzeichnisse.

/f

Zeigt auch erweiterte Dateiinformationen an.

---

rsm

rsm *Befehl* [*Optionen*]

Verwaltet die Medien des Remote-Speichers. Sie verwenden diesen Befehl, um z. B. Medienpools zu definieren oder Medien zu einem Pool hinzuzufügen. Weitere Informationen finden Sie in der Windows-Hilfe.

---

rss

Verwaltet den Remotespeicherdienst (RSS).

```
rss admin show [/recalllimit] [/mediacopies] [/schedule]
    [/general] [/manageables] [/managed] [/media] [/concurrency]
    [/adminexempt]
```

Zeigt Parameter des RSS an: Runaway Recall Limit (**recalllimit**), Anzahl der Medienkopien (**mediacopies**), Zeitplanung (**schedule**), allgemeine Informationen (**general**), verwaltbare Volumes (**manageables**), verwaltete Volumes (**managed**), zugewiesene Medien (**media**), Anzahl der gleichzeitig ausführbaren Jobs (**concurrency**), Ausschluss der Administratoren vom Runaway Recall Limit (**adminexempt**).

```
rss admin set [/recalllimit:Limit] [/mediacopies:AnzahlKopien]
    [/schedule:Zeitplan] [/concurrency:AnzahlGleichzeitige]
    [/adminexempt:0|1]
```

Konfiguriert Parameter des RSS. Der Zeitplan wird in einem der folgenden Formate angegeben:

```
at [startup | idle | login | Zeit]
```

```
every Wievielte [day | week | month] WochenMonatsTag Zeit
```

Zeit wird im Format hh:mm:ss angegeben. *Wievielte* gibt an, wie viele (Tage/Wochen/Monate) zwischen Aufträgen verstreichen. *Wochen-MonatsTag* (nicht gültig für **day**) legt fest, an welchem Wochen- bzw. Monatstag der Auftrag ausgeführt wird, und wird als Ziffer angegeben (0=Sonntag, 1=Montag, ... bzw. Monatstage von 1 bis 31).

```
rss volume show VolumeName1 VolumeName2 | * [/dfs] [/size]
    [/access] [/rule] [/statistics]
```

Zeigt Statistiken sowie Parameter eines Volumes an: gewünschten freien Speicherplatz (**dfs**), Minimalgröße zu verwaltender Dateien (**size**), Migrationskriterium letzter Zugriff (**access**), Ein-/Ausschlussregeln (**rule**).

```
rss volume set VolumeName1 VolumeName2 | * [/dfs:GewünschterFreier-
    Platz] [/size:MinimalDateiGröße] [/access:TageOhneZugriff]
    [/include:RegelPfad] [/exclude:RegelPfad] [/recursive]
```

Legt Einstellungen für Volumes fest. Ein Regelpfad wird im Format *Pfad* [:*Erweiterung*] angegeben (z.B. *\daten:*.doc*). **/recursive** gibt an, dass alle Unterverzeichnisse von der Ein- oder Ausschlussregel erfasst werden. *GewünschterFreierPlatz* wird in Prozent angegeben, *MinimalDatei-Größe* in KB.

```
rss volume manage
```

Fügt ein noch nicht verwaltetes Volume hinzu. Die Parameter sind identisch zu **rss volume set**.

---

rss volume unmanage *VolumeName1 VolumeName2* | * [**/quick** | **/full**]

Beendet die Verwaltung einzelner oder aller Volumes durch RSS, mit (**full**) oder ohne (**quick**) Rücksicherung aller Daten aus dem Remote-Speicher.

rss volume job *VolumeName1 VolumeName2* | * [**/type: createfreespace** | **copyfiles** | **validate**] [**/run** | **/cancel** | **/wait**]

Startet (**run**: asynchron im Hintergrund, **wait**: synchron im Vordergrund) oder beendet (**cancel**) einen Auftrag zum Erzeugen freien Speicherplatzes (**createfreespace**), Kopieren von Dateien in den Remote-Speicher (**copyfiles**) oder Validieren migrierter Daten (**validate**).

rss volume delete *VolumeName1 VolumeName2* | * **/rule:***RegelPfad*

Löscht eine Ein-/Ausschlussregel.

rss media show *MedienName1 MedienName2* | * [**/name**] [**/status**] [**/capacity**] [**/freespace**] [**/version**] [**/copies**]

Zeigt Informationen über einzelne oder alle Medien an. Kapazität und freier Speicherplatz werden in GB angegeben, **copies** zeigt die Anzahl der Kopien und den Status jeder Kopie an.

rss media delete *MedienName1 MedienName2* | * **/copyset:** *NummerDesKopiensatzes*

Löscht einen Kopiensatz von einzelnen oder allen Medien.

rss media synchronize /copyset:*NummerDesKopiensatzes* [**/wait**]

Synchronisiert einen Kopiensatz (synchron im Vordergrund, falls **wait** angegeben wurde).

rss media recreatemaster *MedienName1 MedienName2* | * **/copyset:** *NummerDesKopiensatzes* [**/wait**]

Erstellt die Vorlage einer Kopie neu.

rss file recall *Datei1 Datei2*

Holt Dateien aus dem Remote-Speicher zurück. Stern und Fragezeichen sind als Wildcards zulässig.

VOL

VOL [*x:*]

Zeigt Datenträgerbezeichnung und Seriennummer des aktuellen oder des angegebenen Datenträgers an.

Drucker und Warteschlangen

con2prt

con2prt [**/f**] [**/c**[**d**] *Rechner**Druckerfreigabe*]

Verbindet einen und/oder trennt alle verbundenen Netzwerkdrucker. In Skripten kann dieser Befehl anstelle des Druckerinstallations-Assistenten verwendet werden.

Optionen

/c | **/cd** *Server**Druckerfreigabe*
> Verbindet die angegebene Druckerfreigabe. **/cd** macht diesen Drucker zum Standarddrucker.

/f
> Löscht alle bestehenden Verbindungen zu Druckerfreigaben.

/f und **/c**(**d**) können auch zusammen verwendet werden. In diesem Fall muss **/f** das erste Argument sein. Es werden dann zunächst alle verbundenen Drucker getrennt, und anschließend der angegebene Drucker verbunden.

lpq

lpq -s *Server* **-p** *Drucker* [**-l**]

Zeigt Status und Inhalt der angegebenen LPD-Druckerwarteschlange an. Einen ausführlichen Statusbericht erhalten Sie mit der Option **-l**.

Anmerkung: Unter Windows Vista ist **lpq** nicht im Standard-Installationsumfang enthalten, sondern muss über »Windows-Funktionen ein- oder ausschalten« hinzugefügt werden.

lpr

lpr -s *Server* **-p** *Drucker* [*Optionen*] *Datei*

Druckt *Datei* auf den angegebenen LPD-basierenden Drucker.

Optionen

-c *Klasse*
> Wählt eine Vorspannseite basierend auf der Auftragsklasse aus (es werden nicht alle Drucker unterstützt).

-j *Auftragsname*

> Definiert einen Auftragsnamen.

-o l

> Definiert den Auftragstyp als binär; der Standardwert ist Text. Dieser Befehl ist manchmal hilfreich, um PostScript-Dateien zu drucken.

Anmerkung: Unter Windows Vista ist **lpr** nicht im Standard-Installationsumfang enthalten, sondern muss über »Windows-Funktionen ein- oder ausschalten« hinzugefügt werden.

---

net print
AllOS

net print **Server**Druckerfreigabe

Zeigt den Inhalt der angegebenen Druckerwarteschlange an.

net print [*Rechner*] *Auftragsnummer* [**/hold** | **/release** | **/delete**]

Hält den angegebenen Druckauftrag an (**/hold**), setzt ihn fort (**/release**) oder löscht ihn (**/delete**).

---

print
AllOS

print /d:**Server**Druckerfreigabe Dateien

Druckt Textdateien auf dem angegebenen entfernten Drucker.

---

prncnfg.vbs
XP, W2k3

Konfiguriert Drucker auf dem angegebenen oder lokalen Computer.

prncnfg.vbs -g [**-s** *Computer*] [**-u** *Benutzer*] [**-w** *Passwort*] **-p**
  DruckerName

Zeigt die Konfiguration des angegebenen Druckers an.

prncnfg.vbs -x [**-s** *Computer*] [**-u** *Benutzer*] [**-w** *Passwort*] **-p**
  DruckerName **-z** *NeuerDruckerName*

Benennt einen Drucker um.

prncnfg.vbs -t [**-s** *Computer*] [**-u** *Benutzer*] [**-w** *Passwort*] **-p**
  DruckerName [**-r** *PortName*] [**-l** *Standort*] [**-m** *Kommentar*]
  [**-h** *Freigabename*] [**+|-shared**] [**+|-published**]

Konfiguriert einen Drucker. Es kann ein Port, Standort, Kommentar und Freigabename zugewiesen werden. **shared** legt fest, ob der Drucker frei-

---

gegeben wird, **published** steuert, ob der Drucker im Active Directory veröffentlicht wird.

Weitere Optionen sind in der Windows-Hilfe beschrieben.

prndrvr.vbs

Verwaltet Druckertreiber auf dem angegebenen oder lokalen Computer.

prndrvr.vbs -a -m *TreiberName* [**-s** *Computer*] [**-u** *Benutzer*] [**-w** *Passwort*] [**-v** 0 | 1 | 2 | 3] [**-h** *TreiberPfad*] [**-i** *Treiber*.**inf**]

Installiert den Druckertreiber *TreiberName*. **-v** wählt die Version (0: Windows 9x; 1: NT 3.51; 2: NT4; 3: Windows XP, 2000, 2003), **-h** legt den Pfad zu den Treiberdateien fest, und **-i** gibt die zu verwendende INF-Datei an.

prndrvr.vbs -d -m *TreiberName* [**-s** *Computer*] [**-u** *Benutzer*] [**-w** *Passwort*] **-v** 0 | 1 | 2 | 3

Deinstalliert den angegebenen Druckertreiber.

prndrvr.vbs -l [**-s** *Computer*] [**-u** *Benutzer*] [**-w** *Passwort*]

Zeigt die installierten Druckertreiber an.

prndrvr.vbs -x [**-s** *Computer*] [**-u** *Benutzer*] [**-w** *Passwort*]

Löscht alle Druckertreiber für andere Versionen von Windows (Vorsicht: diese könnten von der Fax-Komponente benötigt werden).

prnjobs.vbs

Verwaltet Druckaufträge auf dem angegebenen oder lokalen Computer.

prnjobs.vbs -z [**-s** *Computer*] [**-u** *Benutzer*] [**-w** *Passwort*] **-p** *DruckerName* **-j** *AuftragsNummer*

Hält den angegebenen Druckauftrag an.

prnjobs.vbs -m [**-s** *Computer*] [**-u** *Benutzer*] [**-w** *Passwort*] **-p** *DruckerName* **-j** *AuftragsNummer*

Setzt den angegebenen Druckauftrag fort.

prnjobs.vbs -x [**-s** *Computer*] [**-u** *Benutzer*] [**-w** *Passwort*] **-p** *DruckerName* **-j** *AuftragsNummer*

Bricht den angegebenen Druckauftrag ab.

```
prnjobs.vbs -l [-s Computer] [-u Benutzer] [-w Passwort]
    [-p DruckerName]
```

Zeigt Druckaufträge eines oder aller Drucker an.

prnmngr.vbs

XP, W2k3

Verwaltet Drucker(-Verbindungen) und setzt den Standarddrucker auf dem angegebenen oder lokalen Computer.

```
prnmngr.vbs -a [-s Computer] [-u Benutzer] [-w Passwort] -p
    DruckerName -m TreiberName -r PortName
```

Fügt einen lokalen Drucker hinzu, der den angegebenen Treiber und Port verwendet.

```
prnmngr.vbs -ac -p DruckerName
```

Installiert den angegebenen Netzwerkdrucker.

```
prnmngr.vbs -d [-s Computer] [-u Benutzer] [-w Passwort] -p
    DruckerName
```

Löscht den angegebenen Drucker.

```
prnmngr.vbs -x [-s Computer] [-u Benutzer] [-w Passwort]
```

Löscht alle (!) Drucker.

```
prnmngr.vbs -g
```

Gibt den Namen des Standarddruckers aus.

```
prnmngr.vbs -t -p DruckerName
```

Setzt den angegebenen Drucker als Standarddrucker.

```
prnmngr.vbs -l [-s Computer] [-u Benutzer] [-w Passwort]
```

Gibt Informationen zu allen installierten (lokalen und Netzwerk-) Druckern aus.

prnport.vbs

XP, W2k3

Verwaltet Druckerports vom Typ »Standard TCP/IP Port« auf dem angegebenen oder lokalen Computer.

```
prnport.vbs -a [-s Computer] [-u Benutzer] [-w Passwort] -r
    PortName -h IPAdresse [-o raw -n Port | lpr -q Warteschlange]
    [-me | -md] [-i SNMP-Index] [-y SNMP-Community] [-2e | -2d]
```

Fügt einen Druckerport hinzu. -o legt RAW (erfordert einen TCP/IP-Port) oder LPR (erfordert einen Warteschlangennamen) als Protokoll fest. **-m** aktiviert (**-me**) oder deaktiviert (**-md**) SNMP. **-2** aktiviert (**-2e**) oder deaktiviert (**-2d**) LPR-Bytezählung (gilt nur für Druckerports mit dem LPR-Protokoll).

prnport.vbs -t [**-s** *Computer*] [**-u** *Benutzer*] [**-w** *Passwort*] **-r** *PortName* [**-h** *IPAdresse*] [**-o raw -n** *Port* | **lpr -q** *Warteschlange*] [**-me** | **-md**] [**-i** *SNMP-Index*] [**-y** *SNMP-Community*] [**-2e** | **-2d**]

Konfiguriert einen Druckerport.

prnport.vbs -d [**-s** *Computer*] [**-u** *Benutzer*] [**-w** *Passwort*] **-r** *Port-Name*

Löscht einen Druckerport.

prnport.vbs -l [**-s** *Computer*] [**-u** *Benutzer*] [**-w** *Passwort*]

Zeigt alle Druckerports an.

prnport.vbs -g [**-s** *Computer*] [**-u** *Benutzer*] [**-w** *Passwort*] **-r** *Port-Name*

Zeigt die Konfiguration eines Druckerports an.

prnqctl.vbs XP, W2k3

Verwaltet Druckerwarteschlangen auf dem angegebenen oder lokalen Computer.

prnqctl.vbs -z [**-s** *Computer*] [**-u** *Benutzer*] [**-w** *Passwort*] **-p** *DruckerName*

Hält den angegebenen Drucker an.

prnqctl.vbs -m [**-s** *Computer*] [**-u** *Benutzer*] [**-w** *Passwort*] **-p** *DruckerName*

Setzt den Druckvorgang auf dem angegebenen Drucker fort.

prnqctl.vbs -e [**-s** *Computer*] [**-u** *Benutzer*] [**-w** *Passwort*] **-p** *DruckerName*

Druckt eine Testseite auf dem angegebenen Drucker.

prnqctl.vbs -x [**-s** *Computer*] [**-u** *Benutzer*] [**-w** *Passwort*] **-p** *DruckerName*

Bricht alle Druckaufträge des angegebenen Druckers ab.

Registrierung

dureg W2kRK

dureg [/*Schlüsselwort*] [*Key*]

Gibt die Größe der Registrierung an, entweder der gesamten oder nur eines durch *Schlüsselwort* definierten Registrierungsbaums: **/cr** (HKCR), **/cu** (HKCU), **/u** (HKU) oder **/lm** (HKLM). Wenn *Key* angegeben wurde, wird nur die Größe des angegebenen Registrierungsschlüssels ausgegeben.

reg NT4RK, W2kST, XP, W2k3, Vista

reg *Operation Argumente* [*Optionen*]

Sehr mächtiger Befehl zur Bearbeitung der Registrierung. Die Syntax ändert sich je nach der angegebenen Operation. Im Folgenden sind alle Operationen beschrieben, jedoch aus Platzgründen nur mit den gebräuchlichsten Optionen. Beachten Sie, dass alle Registrierungsschlüssel als kompletter Pfad, beginnend mit einer der Standardabkürzungen (HKLM, HKCU, HKCR oder HKCC), angegeben werden.

Häufige Optionen

/v *Name-des-Werts* | **/ve**

Gibt den zu bearbeitenden Registrierungswert an. **/ve** bezeichnet den Standardwert (oberste Zeile in Regedit).

/s

Der Befehl wirkt sich auf den gesamten Unterbaum aus.

/f

Unterdrückt Bestätigungsmeldungen bzw. erzwingt das Überschreiben vorhandener Werte.

Verfügbare Operationen

reg query [*Rechner*\]*Schlüssel* [*Optionen*]

Gibt Unterschlüssel, Werte und Daten des angegebenen Schlüssels aus. Die Optionen **/v**, **/ve** und **/s** werden unterstützt.

reg add [*Rechner*\]*Schlüssel* [*Optionen*]

Fügt den angegebenen Schlüssel oder Wert hinzu. Akzeptiert **/v**, **/ve** und **/f**. Des Weiteren werden unterstützt: **/t** *Typ* (gibt den Datentyp an), **/d** *Daten* (setzt den Wert) und **/s** *Zeichen* (gibt ein Trennzeichen für Werte des Typs REG_EXPAND_SZ an; das Standardzeichen ist \o).

reg copy [*Rechner*\\]*Quell-Schlüssel* [*Rechner*\\]*Ziel-Schlüssel* [*Optionen*]

Kopiert einen Schlüssel. Unterstützt **/s** und **/f**.

reg delete [*Rechner*\\]*Schlüssel* [*Optionen*]

Löscht einen Schlüssel oder Wert. Unterstützt **/f**, **/v**, **/ve** und **/va** (löscht alle Werte).

reg compare [*Rechner1*\\]*Schlüssel1* [*Rechner2*\\]*Schlüssel2* [*Optionen*] [*Ausgabeoption*]

Vergleicht zwei Schlüssel. Mit **/s** werden zwei Unterbäume verglichen. Die Optionen **/v** und **/ve** werden unterstützt. *Ausgabeoption* definiert, wie Unterschiede ausgegeben werden. Folgende Optionen sind möglich: **/oa** (alle Informationen), **/od** (nur Unterschiede), **/os** (nur Übereinstimmungen) oder **/on** (keine Ausgabe, sondern Ergebnisse als Rückgabecode: 0=gleich, 2=unterschiedlich, 1=Fehler).

reg export *Schlüssel Datei* [**/y**]

Exportiert einen lokalen Registrierungsschlüssel in eine Datei (mit **/y** wird *Datei* ohne Rückfrage überschrieben, falls sie schon existiert). Diese Operation arbeitet rekursiv.

reg import *Datei*

Importiert mit **reg export** gesicherte Registrierungsdaten aus *Datei* in die lokale Registrierung.

reg save [*Rechner*\\]*Schlüssel Datei*

Speichert den angegebenen Schlüssel in *Datei* ab. Diese Operation arbeitet rekursiv.

reg restore [*Rechner*\\]*Schlüssel Datei*

Stellt die Registrierungsdaten aus *Datei*, die mit **reg save** gespeichert wurden, an der ursprünglichen (angegebenen) Stelle wieder her.

reg load [*Rechner*\\]*Schlüssel Datei*

Stellt die Registrierungsdaten aus *Datei*, die mit **reg save** gespeichert wurden, an einer anderen Stelle temporär wieder her. Die geladenen Daten bleiben nach einem Neustart nicht erhalten.

reg unload [*Rechner*\\]*Schlüssel*

Entlädt einen vorher temporär geladenen Registrierungsschlüssel.

regdmp

`regdmp [-m \\Rechner | -h Datei Baum]`

Schreibt die lokale Registrierung (ohne Option), eine entfernte Registrierung (**-m**) oder einen lokalen Registrierungsbaum (**-h**) nach Standard-Output. Die Ausgabe von **regdmp** kann als Eingabe für **regini** verwendet werden.

Optionen

-s

Erzeugt nur einen Zusammenfassungsreport.

regfind

`regfind [-m \\Rechner] [Optionen] Zeichenfolge-Suchen ^`
`    [-r Zeichenfolge-Ersetzen]`

Führt eine Such-Operation oder eine Suchen-und-Ersetzen-Operation in der lokalen oder einer entfernten Registrierung durch.

Optionen

-p *Schlüsselpfad*

Startet die Suche ab dem angegebenen Schlüssel.

-n

Sucht auch in den Namen der Schlüssel und Werte. Nicht zu verwenden mit **-t**.

-y

Achtet bei der Suche nicht auf Groß- und Kleinschreibung.

-z [**-r**]

Sucht auch in Zeichenfolgen, die nicht mit NULL abschließen oder eine Länge haben, die nicht das Vielfache der Größe eines Unicode-Zeichens ist. Wird **-r** mit **-z** verwendet, fügt **regfind** fehlende NULLs hinzu und reguliert die Länge der Zeichenkette (*Zeichenfolge-Ersetzen* wird ignoriert).

-t *Datentyp*

Beschränkt die Operation auf Daten vom angegebenen Typ. Per Standard wird die Operation in jedem Zeichentyp durchgeführt.

-b | **-B**

Sucht auch in binären Daten. **-B** sucht in Unicode- und ANSI-Formaten, **-b** sucht nur in Unicode-Formaten. Beim Suchen und Ersetzen muss die auszutauschende Zeichenfolge die gleiche Größe wie die zu suchende Zeichenfolge haben.

regini

`regini` *Skriptdatei*

Importiert Schlüssel und Werte in die Registrierung anhand der Informationen aus der angegebenen Skriptdatei. Als Besonderheit können Berechtigungen gesetzt werden.

Die Syntax der Skriptdateien ist in der Hilfe zu den Resource Kits und in verschiedenen Artikeln in der Microsoft Knowledge Base (u.a. in KB245031) erklärt. Auch die Verwendung von **regdmp** ist für das Verständnis hilfreich. Im Folgenden wird eine kurze Einführung gegeben.

Syntax der Skriptdateien

```
Registry\Hive\Schlüssel\Unterschlüssel1 [ACL]
   Unterschlüssel2a [ACL]
    Wert = Datentyp Wertdaten [ACL]
   Unterschlüssel2b [ACL]
```

Die Hierarchie von Schlüsseln, Unterschlüsseln und Werten kann entweder durch Verwendung von Backslashes zwischen einem Schlüssel und dessen Unterschlüssel ausgedrückt werden oder durch entsprechende Einrückung unter Verwendung von Leer- oder Tabulatorzeichen.

Zu setzende Berechtigungen (ACLs) werden als durch Leerzeichen getrennte Zahlen angegeben (1 bis 20 sind definiert), die jeweils für eine bestimmte Berechtigung stehen. Einige gängige Berechtigungen sind:

1

    Administratoren: Vollzugriff

7

    Jeder: Vollzugriff

8

    Jeder: Lesen

17

    System: Vollzugriff

Die gängigsten *Datentypen* werden wie folgt verwendet, um *Werte* zu setzen oder zu löschen:

Datentyp
    Wert

REG_SZ
Eine Zeichenkette ohne Anführungszeichen

REG_EXPAND_SZ
Eine Zeichenkette ohne Anführungszeichen

REG_MULTI_SZ
Mehrere Zeichenketten in Anführungszeichen, getrennt durch Leerzeichen. Ein Backslash am Zeilenende gibt an, dass die Liste in der nächsten Zeile fortgesetzt wird.

REG_DWORD
Eine Zahl. Hex-Werte werden durch das Präfix 0x gekennzeichnet.

REG_BINARY
Die erste Zahl spezifiziert die Anzahl der folgenden Bytes. Die Daten-Bytes werden jeweils als 4-Byte-Zahlen angegeben, getrennt durch Leerzeichen. Ein Backslash am Zeilenende gibt an, dass die Liste in der nächsten Zeile fortgesetzt wird. Hex-Werte werden durch das Präfix 0x gekennzeichnet.

DELETE
Löscht den zugehörigen Wert

---

regrest NT4RK W2kRK

Stellt einen Registrierungsbaum wieder her, der mittels **regback** gesichert wurde.

regrest *Backup-Verzeichnis Sicherung-Verzeichnis*

Aktuelle Registrierungsbäume werden mit den im *Backup-Verzeichnis* liegenden Informationen ersetzt, dabei werden die aktuellen Registrierungsbäume als Dateien im *Sicherung-Verzeichnis* gespeichert.

regrest *Backup-Datei Sicherung-Datei* **machine | users** *Baum*

Stellt den angegebenen Registrierungsbaum aus *Backup-Datei* wieder her und speichert den aktuellen Baum nach *Sicherung-Datei*. Nach einem Systemneustart werden die neuen Daten aktiv.

---

scanreg NT4RK, W2kRK

scanreg -s *Suchzeichenfolge Element-Optionen* [*Optionen*]

Durchsucht den angegebenen Registrierungsbaum nach *Suchzeichenfolge*.

Element-Optionen

Mindestens eine der folgenden Optionen muss angegeben werden:

-k

    Durchsucht Schlüsselnamen.

-v

    Durchsucht Wertnamen.

-d

    Durchsucht Wertdaten.

Weitere Optionen

-c

    Beachtet bei der Suche die Groß- und Kleinschreibung.

-e

    Sucht nach exakter Zeichenfolge.

Prozesse

clearmem

`clearmem` [*Optionen*]

Allokiert Speicher und gibt diesen wieder frei, um den von Applikationen und dem Dateisystemcache verwendeten Speicher zu verringern.

Option

-m*n*

    Allokiert *n* MB des Speichers (die Standardeinstellung nimmt den gesamten Speicher).

In der Hilfe zum Resource Kit finden Sie Informationen über weitere Optionen.

memsnap

`memsnap` [*Optionen*] *Logdatei*

Schreibt einen Schnappschuss der aktuellen Speichernutzung in Logdatei und analysiert den Zuwachs zwischen mehreren Schnappschüssen.

Optionen

-m

Schreibt einen Schnappschuss der Speichernutzung von Prozessen in die Logdatei.

-p

Schreibt einen Schnappschuss der Speichernutzung des Kernels in die Logdatei.

-a[h]

Analysiert mehrere in einer Datei enthaltene Schnappschüsse eines Typs und listet diejenigen Ressourcen auf, deren Speichernutzung kontinuierlich ansteigt. Bei zusätzlicher Angabe von **h** wird eine HTML-Tabelle erzeugt.

---

pmon NT4RK, W2kST, W2k3RK, XPST

pmon

Zeigt, ähnlich dem Task-Manager, permanent eine Liste aller aktiven Prozesse und deren Speicherauslastung an. Die Liste wird alle vier Sekunden aktualisiert und zeigt auch die Veränderung gegenüber der vorigen Messung.

---

runas W2k, XP, W2k3, Vista

runas [Optionen] **/user:**Benutzername Befehl

Führt einen Befehl im Kontext des angegebenen Benutzers aus.

Optionen

/Env

Verwendet die aktuelle Umgebung statt der des angegebenen Benutzers. Dadurch enthält z.B. die Umgebungsvariable %UserProfile% nicht den Pfad zum Profil des angegebenen, sondern des aufrufenden Benutzers.

/NetOnly

Der angegebene Benutzer muss nur über das Recht zur Anmeldung über das Netzwerk verfügen, nicht über das Recht zur lokalen Anmeldung.

/NoProfile

Lädt das Benutzerprofil des angegebenen Benutzers nicht, was bei einigen Anwendungen zu Fehlern führen kann. Ohne Angabe dieser Option wird das Profil geladen.

/SaveCred

Speichert das Kennwort bei der Eingabe bzw. fragt nicht nach dem Passwort des angegebenen Benutzers, falls das Kennwort zuvor gespeichert wurde. Diese Option ist unter Sicherheitsaspekten bedenklich.

/SmartCard

Verwendet auf einer Smartcard gespeicherte Anmeldeinformationen.

Falls **/NetOnly** nicht angegeben wird, muss der angegebene Benutzer über die Berechtigung zur lokalen Anmeldung verfügen.

Das Passwort des angegebenen Benutzers wird an der Kommandozeile abgefragt. Es ist keine Möglichkeit bekannt, dieses automatisiert zu übergeben (außer der Verwendung von **/SaveCred**), was den Nutzen von **runas** in Skripten stark einschränkt.

runas /TrustLevel:*Vertrauensstufe Befehl*

Führt einen Befehl auf der angegebenen *Vertrauensstufe* aus. Dies kann verwendet werden, um als Administrator Programme mit eingeschränkten Rechten zu starten.

runas /ShowTrustLevels

Zeigt die definierten Vertrauensstufen an, die für die Option **/Trust-Level** verwendet werden können.

---

soon

soon [*Rechner*] [*Sekunden*] [**/interactive**] *Befehl*

Führt den Befehl nach einer Verzögerung aus. **soon** ist eine Alternative zum Schedule-Dienst (siehe **at** und **schtasks**).

soon verzögert die Ausführung des Befehls um die angegebene Anzahl von Sekunden (Standardwerte finden Sie weiter unten). **/interactive** erlaubt die Verwendung der Tastatur, wenn der Befehl ausgeführt wird.

soon /d [*Optionen*]

Erlaubt die Einstellung von Standardwerten für **soon** (siehe Optionen für Standardwerte).

Optionen für Standardwerte

/l:*n*

Stellt den Standardverzögerungswert für lokal ausgeführte Befehle auf *n* Sekunden ein (Ausgangswert ist 5 Sekunden).

/r:_n_

    Stellt den Standardverzögerungswert für Befehle, die auf entfernten Rechnern ausgeführt werden, auf _n_ Sekunden (Ausgangswert ist 15 Sekunden).

/i:on | off

    Definiert, ob **/interactive** standardmäßig aktiviert ist oder nicht (Ausgangswert ist **off**).

START AllOS

START [_Fenstertitel_] [_Optionen_] _Befehl Parameter_

Führt einen Befehl aus. Es kann auf Beendigung der Ausführung gewartet werden. Zudem kann die Prozesspriorität und die Prozessoraffinität festgelegt werden.

Optionen

/d_Verzeichnis_

    Setzt das Arbeitsverzeichnis für den Befehl.

/b

    Startet den Befehl als einen Hintergrundprozess, erstellt also kein neues Fenster.

/low | /belownormal | /normal | /abovenormal | /high | /realtime

    Legt die Priorität des neuen Prozesses fest.

/affinity _Prozessor_

    Setzt die Nummer des Prozessors, auf dem der neue Prozess ausgeführt werden soll (als Hex-Zahl).

/wait

    Startet den Befehl und wartet auf dessen Beendigung.

/min | /max

    Startet den Befehl in einem minimierten oder maximierten Fenster.

START bietet unter Windows Vista gegenüber den Vorgängerversionen zusätzliche Optionen.

---

tasklist XP, W2k3, Vista

tasklist [**/s** _System_ [**/u** _Benutzer_ [**/p** [_Passwort_]]]] [**/m** [_Modul_] | **/svc** | **/v**] [**/fi** _Filter_] [**/fo** _Format_] [**/nh**]

Zeigt, ähnlich wie der Task-Manager, laufende Prozesse und deren Speichernutzung auf dem angegebenen oder lokalen System an (_Benut-_

zer und *Passwort* können zur Verbindung angegeben werden). Zusätzlich können die von jedem Prozess geladenen DLLs aufgelistet (**/m**) werden bzw. es kann nach Prozessen gefiltert werden, die ein bestimmtes *Modul* geladen haben. In einem Prozess enthaltene Dienste können angezeigt (**/svc**) oder detailliertere Informationen (**/v**) ausgegeben werden. Mit der Option **/fo** wird das Ausgabeformat festgelegt: tabellarisch (**table**), in Listenform (**list**) oder im CSV-Format (**csv**). **/nh** unterdrückt die Ausgabe von Spaltenüberschriften. Zur Definition von Filtern sei auf die Hilfe des Befehls verwiesen.

taskkill
XP, W2k3, Vista

taskkill [**/s** *System* [**/u** *Benutzer* [**/p** [*Passwort*]]]] [**/pid** *Prozess-ID* | **/im** *EXE-Datei*] [**/f**] [**/t**] [**/fi** *Filter*]

Beendet einen oder mehrere Tasks lokal oder auf *System*, zu dem unter einem anderen Benutzernamen eine Verbindung hergestellt werden kann. Die zu beendenden Tasks werden durch ihre PID (*Prozess-ID*), den Namen der *EXE-Datei* oder durch einen *Filter* ausgewählt, dessen Syntax jener des Befehls **tasklist** entspricht. **/f** erzwingt das Beenden. Mit **/t** wird der ganze Prozessbaum beendet, also auch die vom angegebenen Prozess gestarteten Kind-Prozesse. Zur Definition von Filtern sei auf die Hilfe des Befehls verwiesen.

timeit
W2k3RK

timeit [*Optionen*] **-k** *Kategorie Befehl*

Führt den angegebenen *Befehl* aus und misst dessen Laufzeit und einige andere Parameter, die in einer Datenbankdatei unter der angegebenen *Kategorie* gespeichert werden.

Optionen

/f *Datei*
Setzt den Pfad zur Datenbankdatei (Standard: .\timeit.dat).

/a
Nach der Ausführung des Befehls werden zusätzlich die Durchschnittswerte aller bisherigen Messungen aus *Kategorie* ausgegeben.

timeit -r *Kategorie*
Entfernt die zu *Kategorie* gespeicherten Angaben aus der Datenbankdatei.

Weitere Optionen können der Hilfe des Befehls entnommen werden.

Dienste

instsrv NT4RK, W2kRK, W2k3RK

instsrv *Dienstname Befehlspfad* [*Optionen*]

Installiert die in *Befehlspfad* angegebene ausführbare Datei (.exe) als neuen Dienst *Dienstname*.

instsrv *Dienstname* **remove**

Deinstalliert *Dienstname*. Verwenden Sie **sclist** zur Anzeige der Namen der installierten Dienste.

Optionen

-a *Benutzer*
Startet den Dienst unter dem angegebenen Benutzernamen.

-p *Passwort*
Gibt das Passwort des Benutzerkontos an.

net continue AllOS

net continue *Dienst*

Setzt die Ausführung eines angehaltenen Dienstes fort.

net pause AllOS

net pause *Dienst*

Hält einen laufenden Dienst vorübergehend an.

net start AllOS

net start [*Dienst*]

Startet einen Dienst. Falls der angegebene Dienstname Leerzeichen enthält, muss er in Anführungszeichen gesetzt werden. Ohne Parameter gibt dieser Befehl die aktiven Dienste mit deren internen Namen aus.

net stop AllOS

net stop *Dienst*

Beendet den angegebenen Dienst.

sc [*Server*] *Befehl Dienst*

Gibt detaillierte Informationen über Dienste aus oder verwaltet diese.

Die Befehle **Start**, **Stop**, **Pause** und **Continue** starten, stoppen etc. den angegebenen Dienst.

Informationen über einen Dienst erhalten Sie über folgende Abfragebefehle: **GetDisplayName** (beschreibender Name des Dienstes), **Qdescription** (Beschreibung des Dienstes), **GetKeyName** (Registrierungsschlüssel des Dienstes), **EnumDepend** (Informationen über Abhängigkeiten des Dienstes), **Query** und **QueryEx** (aktueller Status mit grundlegenden bzw. erweiterten Informationen), **Qc** (Konfigurationseinstellungen), **QFailure** (verwendete Aktion bei Prozesstermination), **QFailureFlag** (Art der Fehlerbehandlung), **SDShow** (Anzeige der Berechtigungen im SDDL-Format), **QPrivs** (vom Dienst benötigte Rechte), **QSIDType** (Typ der Dienst-SID) und **ShowSID** (Anzeige der SID eines Dienstes).

Verschiedene Befehle werden zur Konfiguration bzw. Umkonfiguration eines Dienstes verwendet: **Create** (neuen Dienst hinzufügen), **Delete** (Dienst entfernen), **Config** (Konfiguration ändern), **Control** (Steuercode an einen Dienst senden), **Description** (Beschreibung vergeben), **Failure** (Fehler- bzw. Prozessterminations-Aktion definieren), **FailureFlag** (Fehlerflag setzen), **SDSet** (Berechtigungen setzen) und **SIDType** (SID-Typ ändern).

Mit

sc Lock | QueryLock

kann die Dienstdatenbank gesperrt bzw. der Sperr-Status abgefragt werden.

Letztlich wird

sc Boot ok | bad

benutzt, um festzulegen, ob die zuletzt verwendete Neustart-Konfiguration als letzte als funktionierend bekannte Konfiguration (Last Known Good) gespeichert werden soll.

Berechtigungen und Rechte

acldiag

`acldiag` *LDAP-Pfad* [*Optionen*]

Zeigt ACLs (Zugriffskontrolllisten) von Objekten im Active Directory an oder vergleicht ACLs mit den im Schema definierten Standardberechtigungen.

Optionen

/geteffective:*Name*

> Zeigt die effektiven Rechte des bzw. der angegebenen Benutzer oder Gruppen an. Ein Sternchen (*) anstelle von *Name* gibt die effektiven Berechtigungen aller in der ACL enthaltenen Benutzer/Gruppen aus.

/schema

> Zeigt an, ob die ACL die im Schema definierten ACEs (Access Control Entry) beinhaltet.

/tdo

> Erzeugt die Ausgabe in einem Format mit Tabulator als Trennzeichen.

auditpol

Konfiguriert die mit Windows Vista eingeführte detaillierte Sicherheitsüberwachung. Im Folgenden werden die wichtigsten Einsatzmöglichkeiten dieses Befehls aufgezeigt. Für eine vollständige Übersicht sei auf die Windows-Hilfe verwiesen.

`auditpol /clear`

Löscht alle konfigurierten Sicherheitsüberwachungseinstellungen.

`auditpol /get /category:*`

Listet die aktuellen Überwachungseinstellungen für alle Kategorien und Unterkategorien auf.

`auditpol /list /subcategory:* [/v]`

Gibt die Namen aller verfügbaren (Unter-) Kategorien aus. Bei Verwendung von **/v** wird zusätzlich die GUID jeder Kategorie angezeigt.

```
auditpol /set /subcategory:Unterkategorie [/success:enable|disable]
   [/failure:enable|disable]
```

Konfiguriert die detaillierte Sicherheitsüberwachung für eine Unterkategorie. Erfolgreiche und fehlgeschlagene Objektzugriffsversuche können unabhängig voneinander aktiviert oder deaktiviert werden.

```
auditpol /backup /file:Datei
```

Sichert alle konfigurierten Sicherheitsüberwachungseinstellungen in die angegebene *Datei*.

```
auditpol /restore /file:Datei
```

Stellt alle Sicherheitsüberwachungseinstellungen aus der angegebenen *Datei* wieder her.

Anmerkung: Dieser Befehl ist die stark weiterentwickelte Version des gleichnamigen, im Windows 2000 Resource Kit enthaltenen Programms.

cacls, xcacls

NT4RK, W2KRK, W2k3ST

```
cacls | xcacls Dateien [Optionen]
```

Ändert Zugriffskontrolllisten oder zeigt diese an, wenn keine Optionen angegeben wurden.

Optionen

Mehrere Optionen und Instanzen von Optionen sind erlaubt.

/t

Der Befehl wirkt sich auch auf alle Unterverzeichnisse und die darin enthaltenen Dateien aus.

/e

Ändert die bestehende ACL, normalerweise wird sie ersetzt.

/g *Benutzer:Zugriffsart* [;*Zugriffsart auf Verzeichnisse*]
/p *Benutzer:Zugriffsart* [;*Zugriffsart auf Verzeichnisse*]

Vergibt (**/g**) oder ersetzt (**/p**) Rechte in den ACEs für die angegebenen Benutzer oder Gruppen. *Zugriffsart* kann einen der folgenden Werte annehmen: Für den Befehl **cacls** können diese Zugriffsarten entweder **r** (Lesen), **c** (Ändern), **f** (Vollzugriff) oder **n** (keine, wirkt sich nur mit **/p** unter **cacls** aus) sein. Für den Befehl **xcacls** werden verschiedene weitere Codes verwendet: **p** (Rechte ändern), **o** (Besitz übernehmen), **x** (Ausführen), **w** (Schreiben) und **d** (Löschen). Verzeichnisse brauchen einen zweiten Zugriffsrechteintrag, der vom ersten mittels Semikolon getrennt ist. Dabei gibt es einen weiteren, hier nicht dokumentierten Code: **t**.

/r *Benutzer*

Entfernt die ACEs des angegebenen Benutzers (benötigt **/e**).

/d *Benutzer*

Verweigert dem angegebenen Benutzer oder Gruppen jeglichen Zugriff auf die Dateien.

/c

Setzt die Änderungen fort, auch wenn ein Fehler auftritt.

/y

Unterdrückt nur bei **xcacls** alle Bestätigungsmeldungen.

Anmerkung: Wie schon in der vorigen Ausgabe dieses Büchleins erwähnt, sind beide Befehle seit langem veraltet und sollten nicht mehr verwendet werden. Die Vista-Version von **cacls** rät beim Aufruf genau dazu. Als Ersatz sollte unter Windows Vista **icacls** und unter älteren Betriebssystemen z.B. **setacl** verwendet werden.

---

dsacls

dsacls *Objekt-DN* [*Optionen*]

Zeigt bzw. verändert die ACL von Active Directory-Objekten. Das Objekt wird mit seinem Distinguished Name angegeben und kann optional einen Servernamen enthalten, der auf einen bestimmten Domänencontroller verweist. Ohne Angabe von Optionen wird die ACL des angegebenen Objektes ausgegeben.

Optionen

/a

Gibt zusätzlich zu den Berechtigungen Besitzer und Überwachungseinstellungen aus.

/d | **/g** *Benutzer-oder-Gruppenliste*:*Berechtigungen*

Vergibt (**/g**) oder verweigert (**/d**) den angegebenen Benutzern oder Gruppen die angegebenen Berechtigungen. Die Namen werden in folgender Form angeführt: *Name@Domäne* oder *Domäne\Name*.

Berechtigungen werden in einer komplexen Syntax angegeben; weitere Informationen erhalten Sie in der Hilfe. In der einfachsten Form werden diese mit zwei hintereinander stehenden Buchstaben angeführt: **GR** (Lesen), **GE** (Ausführen), **GW** (Schreiben), **GA** (Alles), **SD** (Löschen), **DT** (Löschen des Objektes inkl. der untergeordneten

Objekte), **RC** (Lesen der Berechtigungen), **WD** (Ändern der Berechtigungen), **WO** (Besitzer ändern), **LC** (untergeordnete Objekte auflisten), **CC** (Erstellen von untergeordneten Objekten), **DC** (Löschen von untergeordneten Objekten), **WS** (auf sich selbst schreiben), **RP** (Eigenschaften lesen), **WP** (Eigenschaften schreiben), **CA** (Zugriffsrecht) und **LO** (Zugriff anzeigen).

/r *Benutzer-oder-Gruppenliste*
Entfernt alle Einträge der angegebenen Benutzer oder Gruppen.

/n
Ersetzt die aktuelle ACL des Objektes anstatt sie zu bearbeiten.

/p:[**y** | **n**]
Protection: Schützt (**y**) das Objekt vor Vererbung vom Elternobjekt bzw. aktiviert (**n**) die Vererbung. Ohne Angabe von **/p** werden keine Veränderungen an dieser Einstellung vorgenommen.

/i:*c*
Definiert die Vererbung der angegebenen Berechtigungen. Zur Auswahl stehen **t** (dieses Objekt und untergeordnete Objekte), **p** (nur Objekte eine Ebene darunter) und **s** (nur untergeordnete Objekte).

/s [**/t**]
Setzt die Sicherheitseinstellung des Objektes wieder auf den Ursprungszustand der Objektklasse zurück (ist im Schema definiert). **/t** gibt an, dass sich der Befehl rekursiv auf alle untergeordneten Objekte im Baum auswirkt.

icacls   W2k3SP2, Vista

Ersetzt die veralteten Befehle zur Verwaltung von Berechtigungen **cacls** und **xcacls**. **icacls** kann Berechtigungen sichern und wiederherstellen, sowie die mit Windows Vista eingeführten Integritätsstufen setzen. Die allgemeine Syntax lautet:

icacls *Pfad* **/grant**[**:r**] *SID1:Berechtigung1* [*SID2:Berechtigung2*]

Gewährt die angegebenen Berechtigungen. Zum Format siehe den Abschnitt *Optionen*. **:r** ersetzt alle nicht vererbten Berechtigungen für *SID* durch die angegebenen Berechtigungen.

icacls *Pfad* **/deny** *SID1:Berechtigung1* [*SID2:Berechtigung2*]

Verweigert die angegebenen Berechtigungen. Zum Format siehe den Abschnitt *Optionen*.

```
icacls Pfad /remove[:g|:d] SID1 [SID2]
```

Entfernt alle nicht vererbten gewährten (**:g**), verweigerten (**:d**) oder beide Typen von Berechtigungen für die angegebenen *SIDs*.

```
icacls Pfad /setintegritylevel Integritätsebene
```

Setzt die *Integritätsebene* (Format: siehe *Optionen*).

```
icacls Pfad Befehl Parameter [Optionen]
```

Wendet einen *Befehl* (mit *Parametern*) auf die im *Pfad* angegebenen Dateien oder Verzeichnisse an. Der Pfad kann Wildcards (* und ?) enthalten.

```
icacls Pfad /save Datei [Optionen]
```

Sichert die ACLs der angegebenen Dateien und Verzeichnisse in *Datei*.

```
icacls Pfad /restore:Datei [/substitute SIDalt SIDneu] [Optionen]
```

Wendet die in *Datei* mittels **save** gesicherten ACLs auf die angegebenen Dateien und Verzeichnisse an. Dabei können mehrere Paare von SIDs angegeben werden, von denen jeweils *SIDalt* durch *SIDneu* ersetzt wird.

```
icacls Pfad /setowner SID [Optionen]
```

Setzt den Besitzer auf *SID*.

```
icacls Pfad /findsid SID [Optionen]
```

Gibt diejenigen Dateien und Verzeichnisse in *Pfad* aus, deren ACL einen Eintrag für *SID* enthält.

```
icacls Pfad /verify [Optionen]
```

Überprüft die ACLs und gibt Dateien/Verzeichnisse mit ungültigen Einträgen aus.

```
icacls Pfad /reset [Optionen]
```

Aktiviert die Vererbung von übergeordneten Objekten und entfernt Berechtigungen, die direkt auf die in *Pfad* angegebenen Objekte gesetzt sind.

Optionen

/c

Der Vorgang wird auch bei Fehlern fortgesetzt.

/l

Der Vorgang wird sowohl für einen symbolischen Link als auch für dessen Ziel durchgeführt.

/q
Unterdrückt Erfolgsmeldungen, beschränkt die Ausgabe auf Fehler.

/t

Der Vorgang wird rekursiv für alle unterhalb des angegebenen Pfades liegenden Dateien und Verzeichnisse ausgeführt, deren Name auf das im Pfad angegebene Suchmuster passt.

[(*Vererbung1*)][(*Vererbung2*)](*Berechtigung1,Berechtigung2,...*)

Berechtigungen können als einfache oder spezifische Rechte angegeben werden: **f** (Voll), **m** (Ändern), **rx** (Lesen und Ausführen), **r** (Lesen), **w** (Schreiben) sowie **d** (Löschen), **rc** (Lesesteuerung), **wdac** (DAC schreiben), **wo** (Besitzer schreiben), **s** (Synchronisieren), **as** (Systemsicherheitszugriff), **ma** (Maximal zulässig), **gr** (Allgemeiner Lesezugriff), **gw** (Allgemeiner Schreibzugriff), **ge** (Allgemeiner Ausführungszugriff), **ga** (Allgemeiner Vollzugriff), **rd** (Daten lesen/Verzeichnis auflisten), **wd** (Daten schreiben/Datei hinzufügen), **ad** (Daten anfügen/Unterverzeichnis hinzufügen), **rea** (Erweiterte Attribute lesen), **wea** (Erweiterte Attribute schreiben), **x** (Ausführen/Durchsuchen), **dc** (Untergeordnetes Element löschen), **ra** (Attribute lesen), **wa** (Attribute schreiben).

Vererbungs-Optionen spezifizieren, wie die Berechtigungen auf einem Verzeichnis an darin enthaltene Dateien und Unterverzeichnisse weitergegeben werden sollen: **oi** (an Objekte/Dateien), **ci** (an Container/Verzeichnisse), **io** (nur vererben, nicht auf das Verzeichnis selbst anwenden), **np** (nicht vererben, nur auf das Verzeichnis selbst anwenden).

SID

Gibt einen Benutzer oder eine Gruppe an, entweder durch den Namen oder durch die SID.

[(*Vererbung1*)][(*Vererbung2*)]*Integritätsebene*

Spezifiziert einen Integritäts-ACE, dessen Vererbung wie beim Setzen von Berechtigungen angegeben werden kann. Mögliche Integritätsebenen: Niedrig (**l**[**ow**]), Mittel (**m**[**edium**]), Hoch (**h**[**igh**]).

---

ntrights NT4RK, W2kRK, W2k3RK

ntrights +r | -r *Recht* **-u** *Benutzer/Gruppe* [**-m** *System*]

Erteilt (+) oder entzieht (-) dem angegebenen Benutzer bzw. der Gruppe ein *Recht* auf dem lokalen oder angegebenen System.

Das Benutzerrecht wird in seinem internen Namen angegeben (auf Groß- und Kleinschreibung achten). Weitere Informationen über die Benutzerrechte finden Sie im Abschnitt »Benutzerrechte und Systemprivilegien«.

permcopy
NT4RK, W2kRK, W2k3RK

permcopy *Quellserver Freigabe* *Zielserver Freigabe*

Kopiert die Berechtigungen von der Quell- zur Zielfreigabe.

Anmerkung: robocopy ist ein wesentlich leistungsfähigeres Kopier-Tool.

perms
NT4RK, W2kRK, W2k3RK

perms [*Optionen*] *Benutzer Dateien*

Zeigt die Berechtigungen des angegebenen Benutzers auf die angegebenen Verzeichnisse und Dateien an.

Optionen

/s

Der Befehl wirkt sich auf alle Dateien in allen Unterverzeichnissen aus.

/i

Nimmt an, der Benutzer sei interaktiv am Rechner angemeldet, anstatt über das Netzwerk auf die Dateien zuzugreifen.

sdcheck
W2kST W2k3ST

sdcheck *Server Objekt* [*Optionen*]

Zeigt den Inhalt des Security Descriptors (SD) eines Active Directory-Objektes an.

Optionen

-dumpSD | **-dumpALL**

Zeigt nur den SD des Objektes selbst (**-dumpSD**) oder auch die vererbten SDs der Elternobjekte (**-dumpALL**) an.

-domain:*Domäne* [**-user:***Benutzername* **-password:***Passwort*]

Verwendet die angegebenen Anmeldeinformationen.

setacl

```
setacl -on Objektname -ot Objekttyp [-actn Aktion Parameter]
    [Optionen]
```

Leistungsfähiges Tool zum Setzen und Verwalten von Berechtigungen im Dateisystem, der Registrierung, auf Dienste, Freigaben und Drucker (*http://setacl.sourceforge.net*).

Eine oder mehrere *Aktionen* legen fest, was das Programm tut. Zu jeder Aktion gehören ein oder mehrere *Parameter*, die die Aktion näher spezifizieren. Zusätzlich können allgemeine *Optionen* angegeben werden.

Der Pfad bzw. Name des zu bearbeitenden Objektes wird in *Objektname* angegeben. Je nach Typ des Objektes kann dies ein Dateisystempfad (C:\Verzeichnis oder \\Server\Freigabe\Verzeichnis), ein Registrierungsschlüssel ([\\Server\]HKLM\Schlüssel), ein Dienstname ([\\Server\] Dienst), ein Drucker ([\\Server\]Drucker) oder eine Freigabe (\\Server \Freigabe) sein. *Objekttyp* kann einen der folgenden Werte annehmen: *file* (Datei/Verzeichnis), *reg* (Registrierungsschlüssel), *srv* (Dienst), *prn* (Drucker), *shr* (Freigabe).

Folgende *Aktionen* werden unterstützt:

ace
> Verarbeitet die mittels des Parameters **-ace** angegebenen ACEs (Access Control Entries). Dient zum Hinzufügen bzw. Entfernen von Berechtigungs- oder Überwachungseinträgen.

trustee
> Kopiert, ersetzt oder löscht alle ACEs der angegebenen Trustees (Benutzer/Gruppe). Ein oder mehrere Trustees werden mit dem Parameter **-trst** angegeben.

domain
> Ähnlich wie **trustee**, verarbeitet jedoch alle ACEs einer mit **-dom** angegebenen Domäne.

list
> Anzeige gesetzter Berechtigungen. Das Verhalten wird durch den Parameter **-lst** gesteuert. Mit **-bckp** kann eine Backup-Datei angegeben werden, die das Listing aufnimmt. Sofern es im SDDL-Format erzeugt wurde, können die Berechtigungen mit der Aktion **restore** wiederhergestellt werden.

restore

Stellt vollständige SDs (Security Descriptors) aus einer mit **-bckp** angegebenen Datei wieder her, die im SDDL-Format vorliegen muss.

setowner

Setzt den Eigentümer des Objektes. Dies kann ein beliebiger Trustee (Benutzer/Gruppe) sein, nicht nur Administratoren.

clear

Löscht alle nicht vererbten (direkt auf das Objekt gesetzten) ACEs. Wird gesteuert durch den Parameter **-clr**.

setprot

Setzt die Protection-Eigenschaft des Objektes, die festlegt, ob vererbbare Berechtigungen übergeordneter Objekte auf dieses Objekt angewendet werden. Steuerung durch den Parameter **-op**.

rstchldrn

Setzt die Berechtigungen aller Kindobjekte zurück und deaktiviert deren Protection-Eigenschaft, um die Vererbung im ganzen Baum zu aktivieren. Steuerung durch den Parameter **-rst**.

Optionen und Parameter

-ace "*n:Trustee;p:Berechtigung;s:IsSID;i:Vererbung;m:Modus;w:Wo*"

Setzt *Berechtigung* für *Trustee*. *IsSID* (**y** | **n**) gibt an, ob der Trustee durch die SID statt durch den Namen spezifiziert wurde. Optional kann die Art der *Vererbung* als Kombination (durch Komma getrennt) der folgenden Werte angegeben werden: **so** (Unterobjekte), **sc** (Untercontainer), **np** (keine Vererbung), **io** (nur vererben – keine Auswirkung auf das angegebene Objekt). *Modus* gibt an, ob die Berechtigung gesetzt (**set**), verweigert (**deny**) oder entzogen (**revoke**) werden soll. Handelt es sich um einen Eintrag in der SACL (Überwachungs-ACL), erzeugt **aud_succ** einen Audit-Success-ACE, **aud_fail** dagegen einen Audit-Failure-ACE. *Wo* gibt schließlich an, ob die DACL (**dacl**), SACL (**sacl**) oder beide (**dacl,sacl**) bearbeitet werden sollen.

-trst "*n1:Trustee;n2:Trustee;s1:IsSID;s2:IsSID;ta:TrusteeAction;w:Wo*"

Je nach *TrusteeAction* werden alle ACEs eines bei **n1** angegebenen Trustees gelöscht (**remtrst**), durch den bei **n2** angegebenen Trustee ersetzt (**repltrst**) oder kopiert (**cpytrst**).

-dom "n1:*Domain*;n2:*Domain*;da:*DomainAction*;w:*Wo*"

Entspricht **-trst**, bearbeitet jedoch die ACEs aller Trustees einer Domäne. *DomainAction* kann die Werte **remdom** (Löschen), **repl-dom** (Ersetzen) und **cpydom** (Kopieren) annehmen. Beim Ersetzen und Kopieren wird die im ACE enthaltene SID zunächst zum Namen des Trustees aufgelöst. Dieser Name wird dann in der bei **n2** angegebenen Domäne gesucht, und der gefundene Trustee dieses Namens wird in den ACE eingetragen.

-rec *Rekursion*

Gibt an, dass das Dateisystem bzw. die Registrierung rekursiv durchlaufen werden soll. Durch die Vererbungsmechanismen wird dies selten benötigt, meist für die List-Funktion. Bei der Rekursion können Container (**cont**), Objekte (**obj**) oder beide (**cont_obj**) verarbeitet werden.

-op "*dacl:Protection;sacl:Protection*"

Setzt die Protection-Eigenschaft des Objektes getrennt nach DACL und SACL auf einen der folgenden Werte: **nc** (keine Änderung), **np** (nicht geschützt, Vererbung aktiviert), **p_c** (geschützt, vererbbare ACEs des Elternobjektes werden kopiert), **p_nc** (geschützt, Objekt erhält eine leere ACL).

-lst "*f:Format;w:Was;i:ListInherited;s:DisplaySID*"

Legt das Verhalten des List-Befehls fest. Das Listing kann in einem der folgenden *Formate* erzeugt werden: **csv** (kommagetrennt), **tab** (gut lesbar), **SDDL** (standardisiert, enthält den vollständigen SD). *Was* ist eine durch Komma getrennte Liste der Elemente des SD, die angezeigt werden sollen: **d** (DACL), **s** (SACL), **o** (Besitzer), **g** (Primäre Gruppe). *ListInherited* (**y** | **n**) gibt an, ob auch vererbte ACEs angezeigt werden sollen. *DisplaySID* legt fest, ob Trustees als Namen (**n**), SIDs (**y**) oder beides (**b**) angezeigt werden.

Weitere Optionen sind in der Kommandozeilenhilfe beschrieben.

showpriv

showpriv *Recht*

Zeigt alle Inhaber des angegebenen Benutzerrechts an. Das Benutzerrecht muss mit seinem internen Namen angesprochen werden (auf Groß- und Kleinschreibung achten). Eine Auflistung der Benutzerrechte finden Sie im Abschnitt »Benutzerrechte und Systemprivilegien«.

subinacl

`subinacl` [**/testmode**] */Typ Einträge /Aktion*

Ändert die ACLs des angegebenen Eintrags. Die Option **/testmode** gibt die Aktion an, die im Testlauf durchgeführt werden soll. Dieser Befehl kann nicht auf DFS-Datenträger angewandt werden.

/Typ gibt den Objekttyp des Eintrags an: **/file**, **/share**, **/subdirectories**, **/keyreg** und **/subkeyreg** (Registrierungskeys mit oder ohne Rekursion), **/service**, **/printer** und **/kernelobject**.

/Aktion gibt an, was mit der bestehenden ACL geschehen soll. Standardmäßig wird die ACL angezeigt. Hier die gängigsten *Aktion*en (in der Hilfe zum Resource Kit finden Sie die komplette Liste):

/setowner=*Benutzer*
    Setzt für *Einträge* den angegebenen *Benutzer* als neuen Besitzer.

/replace=*Alter-Benutzer*=*Neuer-Benutzer*
    Ersetzt *Alter-Benutzer* durch *Neuer-Benutzer*.

/changedomain=*Alte-Domäne*=*Neue-Domäne*
    Setzt alle ACEs von *Alte-Domäne* auf *Neue-Domäne*. Zwischen den Domänen muss eine Vertrauensstellung existieren.

/migratedomain=*Alte-Domäne*=*Neue-Domäne*
    Kopiert alle ACEs aus *Alte-Domäne* und ersetzt sie in den ACEs der Kopien durch *Neue-Domäne*. Zwischen den Domänen muss eine Vertrauensstellung existieren.

/grant=*Name*=*Berechtigungen*
/deny=*Name*=*Berechtigungen*
    Fügt entweder einen Berechtigungs-ACE (**/grant**) oder einen Verweigerungs-ACE (**/deny**) für den angegebenen Benutzer oder die angegebene Gruppe mit den entsprechenden *Berechtigungen* hinzu.

Anmerkung: subinacl hat Probleme mit dem seit Windows 2000 geänderten Berechtigungsmodell, insbesondere mit der Vererbung von Berechtigungen (siehe dazu den Artikel 296865 der Microsoft Knowledge Base). Eine Alternative stellt das deutlich leistungsfähigere Open Source-Tool **setacl** dar.

takeown

`takeown` [**/s** *Computer* [**/u** *Benutzer* [**/p** [*Passwort*]]]] **/f** *DateiMuster*
    [**/a**] [**/r** [**/d j** | **n**]]

Übernimmt den Besitz von Dateien auf *Computer*. Falls angegeben, wird der Befehl unter dem angegebenen Benutzerkonto ausgeführt. *Datei-Muster* kann ein Datei- oder Verzeichnisname inklusive eines Sterns als Wildcard sein. **/a** weist den Besitz der Gruppe Administratoren statt dem angemeldeten Benutzer zu. **/r** wendet den Befehl rekursiv an. Falls der Benutzer nicht die nötigen Berechtigungen zum Anzeigen eines Verzeichnisses hat, kann mit **/d j** immer der Besitz übernommen und mit **/d n** die Ausführung abgebrochen werden.

Systemdiagnose und -information

dmdiag
W2kRK, W2k3ST

dmdiag [**-f** *Datei*] [-v]

Erstellt eine (bei Verwendung von **-v** sehr detaillierte) Aufstellung von Festplatteninformationen, die optional (**-f**) in eine Datei geschrieben werden können.

driverquery
XP, W2k3, Vista

driverquery [**/s** *System* [**/u** *Benutzer* [**/p** [*Passwort*]]]] [**/fo** *Format*] [**/nh**] [**/si**] [**/v**]

Zeigt Informationen über installierte Gerätetreiber auf *System* an, zu dem mit dem angegebenen Benutzer/Passwort eine Verbindung hergestellt wird.

Optionen

/fo [**table** | **list** | **csv**]
> Legt das Ausgabeformat fest.

/nh
> Lässt die Spaltenüberschriften weg.

/si
> Zeigt Informationen über die Signatur von Treibern an.

/v
> Detaillierte Ausgabe, nicht gültig in Verbindung mit **/si**.

eventcreate

eventcreate [**/s** *Computer* [**/u** *Benutzer* [**/p** *Passwort*]]] **/d** *Text* **/id**
  EreignisID **/t** *Typ*

Schreibt einen Eintrag vom *Typ* **error, warning** oder **information** in das
Ereignisprotokoll des lokalen oder angegebenen Computers.

Optionen

/so *Quelle*

Gibt die Quelle in Form einer Zeichenkette an. Falls dieser Parameter nicht spezifiziert wird, so wird »EventCreate« als Quelle eingesetzt.

/l *Eventlog*

Spezifiziert, in welchem Protokoll das Ereignis erstellt wird: **application** oder **system**.

eventquery.vbs

eventquery.vbs [**/s** *Computer* [**/u** *Benutzer* **/p** *Passwort*]] [*Optionen*]

Listet diejenigen Ereignisse auf, die den angegebenen Kriterien entsprechen.

Optionen

/l *Eventlog*

Spezifiziert, welches Protokoll durchsucht wird: **APPLICATION**,
SECURITY, **SYSTEM**. Weitere Protokolle, wie z.B. jenes des DNS-
Servers, können ebenfalls angegeben werden. Ohne Angabe dieses
Parameters werden alle Protokolle durchsucht.

/r *Bereich*

Eine positive Zahl spezifiziert die *n* neusten Ereignisse, eine nega-
tive die *n* ältesten. Ein Bereich kann in der Form *n1-n2* angegeben
werden.

/fi *Filter*

Definiert einen Filter, mit dem sich Ereignisse u.a. nach Datum,
Typ, ID und Quelle eingrenzen lassen. Details finden sich in der
Hilfe des Befehls.

/v

Gibt ausführliche Informationen zu jedem Ereignis aus, insbesondere die Beschreibung.

eventtriggers

eventtriggers *Optionen* [**/s** *Computer* [**/u** *Benutzer* **/p** *Passwort*]]

Anzeige und Konfiguration von Ereignisauslösern auf dem lokalen oder angegebenen Computer. Ereignisauslöser (Event Triggers) führen beim Auftreten definierter Ereignisse im Ereignisprotokoll vorher festgelegte Aktionen aus.

Optionen

/create /tr *TriggerName* **/tk** *Aktion* [**/l** *Protokoll*] [**/eid** *EreignisID*]
[**/t** *EreignisTyp*] [**/so** *Quelle*] [**/d** *TriggerBeschreibung*]

> Erstellt einen Ereignisauslöser (Trigger), der beim Auftreten eines durch die weiteren Parameter definierten Ereignisses die in *Aktion* angegebene Kommandozeile ausführt. Ereignisprotokolle (**application**, **security**, **system** etc.) und -typen (**information**, **warning**, **error**, **successaudit**, **failureaudit**) werden mit ihren englischen Bezeichnungen angegeben.

/delete /tid *TriggerID*

> Löscht einen oder alle (Stern als *TriggerID*) Ereignisauslöser. Die IDs erstellter Trigger können durch Aufruf von **eventtriggers** ohne Parameter ermittelt werden.

/query [**/v**]

> Zeigt die konfigurierten Trigger (mit **/v** in ausführlicher Form) an.

getmac

getmac [**/s** *Computer* [**/u** *Benutzer* [**/p** [*Passwort*]]]] [*Optionen*]

Zeigt die MAC-Adressen der Netzwerkkarten des angegebenen Rechners an.

Optionen

/fo [**table** | **list** | **csv**]

> Legt das Ausgabeformat fest.

/nh

> Lässt die Spaltenüberschriften weg.

/v

> Liefert ausführlichere Informationen, z.B. den Namen jeder Karte.

Verwaltet Sammlungen (unter Vista) bzw. Leistungsindikatorenprotokolle (unter XP und Server 2003).

logman create `Typ` **-n** `Name` [`Optionen`]

Erstellt eine neue Sammlung des angegebenen Namens vom *Typ* **counter** (Leistungsindikator), **trace** (Ablaufverfolgung), **alert** (Warnung), **cfg** (Konfiguration) oder **api** (API-Ablaufverfolgung).

logman query [**providers** | **-n** `Name`] [`Optionen`]

Fragt Eigenschaften von Sammlungen ab. Falls **providers** angegeben ist, werden die registrierten Anbieter ausgegeben. Falls *Name* nicht angegeben ist, werden alle Sammlungen aufgeführt.

logman start -n `Name` [**-as**] [`Optionen`]

Startet eine bestehende Sammlung und setzt die Startzeit auf manuell. **-as** legt fest, dass der Vorgang asynchron ausgeführt wird.

logman stop -n `Name` [**-as**] [`Optionen`]

Beendet eine bestehende Sammlung und setzt die Endzeit auf manuell. **-as** legt fest, dass der Vorgang asynchron ausgeführt wird.

logman delete -n `Name` [`Optionen`]

Löscht eine bestehende Sammlung.

logman update `Typ` **-n** `Name` [`Optionen`]

Ändert die Eigenschaften der vorhandenen Sammlung *Name* vom *Typ* **counter** (Leistungsindikator), **trace** (Ablaufverfolgung), **alert** (Warnung), **cfg** (Konfiguration) oder **api** (API-Ablaufverfolgung).

logman import -n `Name` **-xml** `Datei` [`Optionen`]

Importiert einen Sammlungssatz unter dem angegebenen Namen aus der angegebenen Datei.

logman export -n `Name` **-xml** `Datei` [`Optionen`]

Exportiert den angegebenen Sammlungssatz in die angegebene XML-Datei.

Optionen für alle Befehlsvarianten

-s *Computer*
    Statt des lokalen Systems wird der angegebene Computer angesprochen.

-config *Datei*

Kommandozeilenparameter werden der angegebenen Datei entnommen.

-ets

Sendet die Befehle direkt an die Ablaufverfolgungssitzung ohne die Sammlung zu speichern oder zu planen.

Optionen zu logman create und logman update

-b *tt.mm.yyyy hh:mm:ss*

Startet die Datensammlung zur angegebenen Zeit.

-e *tt.mm.yyyy hh:mm:ss*

Beendet die Datensammlung zur angegebenen Zeit.

-rf [[*hh:*]*mm:*]*ss*

Dauer der Datensammlung. Kann anstelle von **-e** verwendet werden.

-m [**start**] [**stop**]

Der Start bzw. Stopp der Datensammlung erfolgt manuell, nicht zeitgesteuert. Die Parameter **-b** bzw. **-e** dürfen nicht gleichzeitig angegeben werden.

-[-]r

Wiederholt die Datensammlung täglich zur gleichen Zeit. Ein doppeltes Minuszeichen deaktiviert die Wiederholung.

-o *Verzeichnis* | *DSN!Log-Name*

Gesammelte Daten werden in das angegebene Verzeichnis (Dateiname: *Name*.blg) oder die angegebene SQL-Datenbank geschrieben.

-[-]a

Hängt die Ausgabe an die Protokolldatei an, anstatt sie zu überschreiben. Ein zweites Minuszeichen deaktiviert diese Option.

-[-]ow

Überschreibt eine existierende Protokolldatei. Ein zweites Minuszeichen deaktiviert diese Option.

-[-]v *nnnnnn* | *mmddhhmm*

Hängt die angegebene Versionsnummer oder das angegebene Datum an den Dateinamen der Ausgabedatei an. Ein zweites Minuszeichen deaktiviert diese Option.

-[-]rc *Befehl*

Führt *Befehl* nach Beendigung der Protokollierung aus.

-max *Wert*

Maximalgröße der Ausgabedatei in MB oder maximale Anzahl an Datensätzen in der SQL-Datenbank. **--max** hebt die Beschränkung auf.

-cnf [[*hh:*]*mm:*]*ss*

Erstellt eine neue Ausgabedatei, wenn die Maximalgröße erreicht wurde oder die angegebene Zeitspanne verstrichen ist. Muss zusammen mit **-v** verwendet werden. **--cnf** deaktiviert diese Option.

-y

Beantwortet alle Fragen mit Ja.

Optionen zu logman update

-si [[*hh:*]*mm:*]*ss*

Gibt das Datensammlungsintervall an.

-f [**bin** | **bincirc** | **csv** | **tsv** | **sql**]

Ausgabeformat: binär, zirkulär binär, Komma- oder Tabulator-getrennt, SQL-Datenbank.

-sc *Wert*

Maximale Anzahl an Datensätzen, die mit der Sammlung gesammelt werden sollen.

-bs *Wert*

Puffergröße in KB für eine Ereignisablaufverfolgungssitzung.

-nb *min max*

Anzahl der Puffer für Ablaufverfolgungssitzungen.

-ct [**perf** | **system** | **cycle**]

Uhrtyp: Leistung, System oder Zyklus.

-ln *Logger-Name*

Name des Erstellers der Sammlung.

-ft [[*hh:*]*mm:*]*ss*

Leerungszeitgeber für Ablaufverfolgungssitzungen.

-p *Provider* [*Schlüsselwörter* [*Ebene*]]

Ein einzelner zu aktivierender Ablaufverfolgungsprovider.

-pf *Datei*

Datei mit einer Liste der zu aktivierenden Ablaufverfolgungsprovider.

-c *Leistungsindikator1 Leistungsindikator2* [...] | **-cf** *Datei*

Spezifiziert die Leistungsindikatoren, deren Daten gesammelt werden. Diese können alternativ aus einer Datei gelesen werden, die einen Eintrag pro Zeile enthält.

-[-]rt

Verwendet den Echtzeitmodus für die Ereignisablaufverfolgung.

-[-]ul

Führt die Ablaufverfolgung im Benutzermodus aus.

-mode *Modus*

Protokollierungsmodus bei der Ablaufverfolgung.

-[-]el

Aktiviert oder deaktiviert die Ereignisprotokollierung.

-[-]ni

Aktiviert oder deaktiviert die Abfrage der Netzwerkschnittstelle.

-th *Grenzwert1 Grenzwert2* [...]

Leistungsindikatoren-Schwellwerte, ab denen eine Warnung erzeugt wird.

-[-]rdcs *Name*

Sammlung, die gestartet wird, wenn die Warnung ausgelöst wird.

-[-]tn *Name*

Task, der ausgeführt wird, wenn die Warnung ausgelöst wird.

-[-]targ *Name*

Argumente für den mittels **-tn** festgelegten geplanten Task.

-reg *Pfad1 Pfad2* [...]

Zu sammelnde Registrierungswerte.

-mgt *Abfrage1 Abfrage2* [...]

Zu sammelnde WMI-Objekte, angegeben als WMI-Abfragen.

-ftc *Pfad1 Pfad2* [...]

Zu sammelnde Dateien.

-mods *Pfad1 Pfad2* [...]

Liste von Modulen, deren API-Aufrufe protokolliert werden sollen.

-inapis *Modul1!API1 Modul2!API2* [...]

Liste von API-Aufrufen, die in die Protokollierung einbezogen werden sollen.

-exapis *Modul1!API1 Modul2!API2* [...]

Liste von API-Aufrufen, die von der Protokollierung ausgeschlossen werden sollen.

-[-]ano

Nur API-Namen protokollieren (das zweite Minus kehrt die Bedeutung um).

-[-]recursive

APIs über die erste Ebene hinaus protokollieren.

-exe *Pfad*
> Pfad zur ausführbaren Datei für die API-Ablaufverfolgung.

Anmerkung: Die Möglichkeiten zur Sammlung von Leistungs- und sonstigen Daten wurden in Windows Vista stark erweitert – entsprechend umfangreicher sind die Optionen dieses Befehls. Hier ist die Vista-Version beschrieben.

netdiag

`netdiag [Optionen]`

Testet die korrekte Funktion der Netzwerkdienste des lokalen Systems.

Optionen

/d: Domäne
> Verwendet einen Domänencontroller der angegebenen Domäne. Die Standardeinstellung ist die lokale Domäne.

/test: Liste | **/skip:**Liste
> Gibt an, welche Tests ausgeführt werden sollen. **/test** verlangt eine anzugebende Liste der auszuführenden Tests, und **/skip** verlangt eine Liste von zu überspringenden Tests (alle anderen Tests werden durchgeführt).

/q | **/v** | **/debug**
> Die Ausgabe erfolgt im stillen (**/q**, nur Fehler werden ausgegeben), ausführlichen (**/v**) oder sehr ausführlichen Modus (**/debug**).

/l
> Protokolliert die Ergebnisse in der Datei NetDiag.Log im aktuellen Verzeichnis.

/fix
> Behebt, wenn möglich, kleinere aufgetretene Probleme.

relog

`relog Datei1 Datei2 [Optionen]`

Konvertiert Daten aus Leistungsindikatorprotokolldateien in andere Formate.

Optionen

-a
> Hängt an die Ausgabedatei an, anstatt sie zu überschreiben.

-c *Leistungsindikator1 Leistungsindikator1* | **-cf** *Datei*
Spezifiziert die Leistungsindikatoren, deren Daten konvertiert werden. Diese können alternativ aus einer Datei gelesen werden, die einen Eintrag pro Zeile enthält.

-f [**bin** | **csv** | **tsv** | **sql**]
Ausgabeformat: binär, Komma- oder Tabulator-getrennt, SQL-Datenbank.

-t *n*
Jeder *n*-te Messpunkt wird konvertiert (Standard: jeder).

-o *Ausgabedatei* | *DSN!Log-Name*
Konvertierte Daten werden in die angegebene Datei oder die angegebene SQL-Datenbank geschrieben.

-b *tt.mm.yyyy hh:mm:ss*
Daten werden ab diesem Sammelzeitpunkt konvertiert.

-e *tt.mm.yyyy hh:mm:ss*
Daten werden bis zu diesem Sammelzeitpunkt konvertiert.

-config *Datei*
Kommandozeilenparameter werden der angegebenen Datei entnommen.

-q
Listet die Leistungsindikatoren und Zeitintervalle der Sammlung aus den Protokolldateien auf.

-y
Beantwortet alle Fragen mit Ja.

---

systeminfo

systeminfo [**/s** *System* [**/u** *Benutzer* [**/p** [*Passwort*]]]] [**/fo table** | **list** | **csv**] [**/nh**]

Ermittelt detaillierte Informationen zur Systemkonfiguration (inklusive installierter Patches) für *System* oder den lokalen Computer und schreibt diese nach Standard-Output. Zum Zugriff auf *System* kann ein Benutzername und Passwort angegeben werden. Wird Letzteres weggelassen, so wird es abgefragt.

Optional kann als Ausgabeformat auf tabellarisch (**table**), Liste (**list**, Standard) oder **csv** eingestellt werden. Bei Angabe von **/nh** werden die Spaltenüberschriften weggelassen.

typeperf `Leistungsindikator1 Leistungsindikator2 [...]`

Zeigt den aktuellen Wert der angegebenen Leistungsindikatoren an und aktualisiert diese bis zum Abbruch mittels STRG+C. Die Leistungsindikatoren werden im folgenden Format angegeben: [*Server*]*Objekt*\ *Leistungsindikator*.

typeperf `-qx [Objekt]`

Zeigt die installierten Leistungsindikatoren an, ggf. beschränkt auf jene des angegebenen Objektes.

Informationen zu den weiteren Optionen dieses Befehls erhalten Sie mit **typeperf** -?.

---

w32tm   XP, W2k3, Vista

Diagnose und Überwachung des Windows-Zeitdienstes.

w32tm /monitor [**/domain:**`DomänenName`] [**/computers:**`ComputerName1,` `ComputerName2`]

Überwacht die lokale oder angegebene Domäne bzw. die angegebenen Computer.

w32tm /ntte `Systemzeit`

Wandelt eine Windows-Systemzeit (Format: 100 ns-Intervalle seit 01.01.1601) in ein lesbares Format um.

w32tm /ntpe `Systemzeit`

Wandelt eine Windows-Systemzeit (Format: 2^{-32} s-Intervalle seit 01.01.1900) in ein lesbares Format um.

w32tm /resync [**/computer:**`ComputerName`] [**/nowait**] [**/rediscover**]

Veranlasst eine Zeitsynchronisation des lokalen oder angegebenen Computers. **/nowait** wartet nicht auf die Beendigung des Vorgangs. **/rediscover** führt vor der Synchronisation eine erneute Ermittlung der Netzwerkkonfiguration durch.

w32tm /stripchart /computer:`ComputerName` [**/period:**`Intervall`] [**/dataonly**] [**/samples:**`AnzahlMesspunkte`]

Vergleicht die Zeitdifferenz zwischen dem lokalen und dem angegebenen Computer alle *Intervall* Sekunden, bis mit STRG-C abgebrochen wird oder *AnzahlMesspunkte* gesammelt wurden. **/dataonly** unterdrückt die Ausgabe einer »grafischen« Darstellung der Zeitdifferenz.

```
w32tm /config [/computer:ComputerName] [/update] [/manualpeerlist:
    ComputerName1 ComputerName2] [/syncfromflags:Quelle]
```

Ändert die Konfiguration des Zeitdienstes des lokalen oder angegebenen Computers. **/update** benachrichtigt den Zeitdienst von der geänderten Konfiguration, so dass diese wirksam wird. **/manualpeerlist** erlaubt die Angabe mehrerer Computer, mit denen synchronisiert werden soll. *Quelle* legt fest, nach welchem System synchronisiert wird: **manual** zur Verwendung der Peer-Liste, **domhier** zur Synchronisation gemäß der Domänenhierarchie.

```
w32tm /tz
```

Zeigt die Zeitzoneneinstellungen an.

```
w32tm /dumpreg [/computer:ComputerName]
```

Gibt die Registrierungswerte des Zeitdienstes des lokalen oder angegebenen Computers aus.

```
w32tm /query [/computer:ComputerName] /source | /configuration |
    /peers | /status [/verbose]
```

Zeigt Informationen des Zeitdienstes auf dem lokalen oder angegebenen Computer an. **/source** gibt die Synchronisationsquelle aus, **/configuration** die Konfiguration des Dienstes, /peers eine Liste der Peers und **/status** den aktuellen Status. **/verbose** schließlich aktiviert die ausführliche Ausgabe.

Anmerkung: Dieser Befehl bietet unter Windows Vista mehr Optionen als unter den Vorgängerversionen. Hier sind die wichtigsten Optionen der Vista-Version beschrieben.

wevtutil   Vista

Mit **wevtutil** können Ereignisprotokolle abgefragt, konfiguriert, exportiert und gelöscht werden, sowie weitere Dinge mehr. Aus Platzgründen sind hier nur die wichtigsten Optionen aufgeführt.

```
wevtutil enum-logs
```

Zeigt die Namen aller Ereignisprotokolle an.

```
wevtutil get-log Protokoll [/format:text | xml]
```

Zeigt Konfigurationsinformationen wie maximale Größe oder Speicherort eines Protokolls im Text- (Standard) oder XML-Format an.

wevtutil get-loginfo *Protokoll* [**/logfile:true** | **false**]

Zeigt Informationen wie Zeitstempel, Anzahl der Einträge und Dateigröße auf der Festplatte zum angegebenen *Protokoll* an. Dabei kann es sich auch um den Pfad zu einem gesicherten Protokoll handeln, dies wird mit **/logfile:true** spezifiziert.

wevtutil set-log *Protokoll* [*set-log-Optionen*] [*AllgemeineOptionen*]

Ändert die Konfiguration eines Protokolls.

wevtutil query-events *Protokoll* [**/logfile:true** | **false**] [**/count:** *Anzahl*] [**/format:text** | **xml**]

Gibt (alle oder maximal *Anzahl*) Ereignisse des *Protokolls* (Protokollname oder, mit **/logfile:true**, Pfad zum Protokoll) im XML-Format (Standard) oder als Text aus.

wevtutil export-log *Protokoll Datei* [**/overwrite:true** | **false**]

Exportiert ein *Protokoll* in eine *Datei*, die, falls sie schon existiert, ggf. überschrieben wird.

wevtutil archive-log *Protokolldatei* [**/locale:***Gebietsschema*]

Archiviert alle gebietsschemaspezifischen Informationen aus einer *Protokolldatei* in einem Unterverzeichnis. Es wird entweder das aktuelle oder angegebene Gebietsschema verwendet. *Gebietsschema* wird als zusammengezogenes Kürzel in der Form *Sprache-Land* angegeben, z.B. en-US (englisch, USA) oder de-DE (deutsch, BRD).

wevtutil clear-log *Protokoll* [**/backup:***Datei*]

Löscht ein *Protokoll*, nachdem es optional in eine *Datei* (Endung .evtx) gesichert wurde.

wevtutil enum-publishers

Listet die auf dem System registrierten Herausgeber auf.

wevtutil get-publisher *Herausgeber* [**/getevents:true** | **false**] [**/getmessage:true** | **false**] [**/format:text** | **xml**]

Zeigt Konfigurationsinformationen über einen *Herausgeber* an. Optional werden alle von diesem Herausgeber registrierten Ereignisse (**/getevents:true**) und Meldungstexte (**/getmessage:true**) aufgelistet.

Optionen für set-log

/enabled:true | **false**
> Aktiviert (**true**) oder deaktiviert (**false**) das Protokoll.

/isolation:*Isolationsmodus* [**/ca:***SDDL*]

> Legt den *Protokollisolationsmodus* auf einen der gültigen Werte **system**, **application** oder **custom** fest. Im Falle von **custom** muss eine Sicherheitsbeschreibung im SDDL-Format angegeben werden.

/logfilename:*Protokolldatei*

> Vollständiger Pfad zur *Protokolldatei*, in der die Ereignisse des Protokolls gespeichert werden.

/retention:true | **false**

> Bei vollem Protokoll werden neue Ereignisse verworfen (**true**), bzw. sie überschreiben die ältesten Ereignisse im Protokoll (**false**).

/autobackup:true | **false**

> Falls true, wird das Protokoll automatisch gesichert. In einem solchen Fall muss **/retention** ebenfalls auf **true** gesetzt werden.

/maxsize:*Bytes*

> Maximale Größe des Protokolls in Bytes.

Allgemeine Optionen

/remote:*Computer* [**/username:***Benutzer* [**/password:***Passwort* | ***]]

> Führt den Befehl auf *Computer* statt auf dem lokalen System aus. Wird von den Befehlen **install-manifest** und **uninstall-manifest** nicht unterstützt.
>
> Zur Verbindung kann ein *Benutzer* sowie ein *Passwort* angegeben werden. Wird statt Letzterem ein Asterisk verwendet, so wird zur Eingabe des Passwortes aufgefordert.

/authorization:*Authentifizierungstyp*

> Legt die Art der Authentifizierung am entfernten Computer fest. Mögliche Werte sind: **Default**, **Negotiate** (Standard), **Kerberos**, **NTLM**.

/unicode:true | **false**

> Unicode-Ausgabe: ja oder nein?

Anmerkung: Mit der Option **/get-publisher** dieses Befehls ist es erstmals mit Bordmitteln möglich, alle möglichen Ereignisse samt deren Meldungstexten ausgeben zu lassen.

wmic XP, W2k3, Vista

Die WMI-Konsole ermöglicht die direkte Interaktion mit dem WMI-Dienst des lokalen oder eines entfernten Systems. Mit **wmic** können äußerst detaillierte Informationen abgefragt oder gesetzt werden. Der

Befehl bietet eine interaktive Kommandozeile (Start durch Aufruf ohne Parameter, Beenden mit **exit**), kann Kommandos aber auch im Batch-Modus ausführen (Aufruf mit Parametern). Ein angehängtes **/?** gibt auf jeder Ebene einen passenden Hilfetext aus.

wmic path *WMI-Klasse* [**get** *Attributliste* [*Get-Optionen*]] [**/format:** *Ausgabeformat*] [**/output:***Ausgabedatei*]

Gibt Informationen über Objektinstanzen einer *WMI-Klasse* aus. Mit **/get** kann die Ausgabe auf einzelne Attribute jedes Objektes beschränkt werden (Standard: **get /all**). Als *Ausgabeformat* kann unter anderem gewählt werden: **table** (Standard), **list**, **csv** (kommasepariert), **htable** (tabellarisch im HTML-Format) und **hform** (Liste im HTML-Format). Die Ausgabe kann mit **/output** in eine Datei umgeleitet werden.

Anstelle der etwas umständlichen Angabe von **path** *WMI-Klasse* kann einer der zahlreichen vordefinierten Aliasse verwendet werden. Eine Liste derselben kann mit **wmic alias get friendlyname,target** erstellt werden.

wmic path *WMI-Klasse* **set** *Attribut=Wert*

Setzt ein *Attribut* auf den angegebenen *Wert*. Eine Liste der für eine Klasse verfügbaren Attribute erhält man mit **wmic path** *WMI-Klasse* **set /?**.

wmic path *WMI-Klasse* **call** *Methode Parameterliste*

Ruft die angegebene *Methode* für eine Objektinstanz der *WMI-Klasse* auf und übergibt dabei die *Parameterliste*. Auch hier können mit **call /?** die für eine Klasse gültigen Methoden ermittelt werden. Viele Methoden können nur auf konkrete Instanzen angewendet werden, so dass z.B. **wmic os call reboot** fehlschlägt, während **os where "csname='***Name***'" call reboot** nach einer Rückfrage die durch *Name* angegebene Betriebssysteminstanz neu startet.

Optionen

/node:[@*Datei1* | *Computername1*] [@*Datei2* | *Computername2*][...]
Gibt an, auf welchen Systemen der Befehl ausgeführt wird. Anstatt die Computernamen auf der Kommandozeile anzugeben, kann die Liste der Systeme aus *Datei* gelesen werden. Die Zielsysteme können auch unter Windows NT4 oder 2000 laufen, nur der WMI-Dienst muss dort gestartet sein.

/user:*Domäne\Benutzer*
Legt den Benutzer fest, unter dem der Befehl ausgeführt wird.

/password:*Passwort*
> Legt das Passwort für *Benutzer* fest.

where *WQL-Filter*
> Begrenzt die Menge der Objekte, auf die sich der Befehl bezieht, durch einen in der SQL-ähnlichen Abfragesprache WMI Query Language verfassten *WQL-Filter*.

Beispiele

wmic [os | computersystem | bios | cpu] list full
> Geben detaillierte Informationen über das (Betriebs-) System bzw. BIOS oder Prozessor aus.

wmic process where "name='wmic.exe'" list full
> Zeigt alle verfügbaren Informationen über den Prozess wmic.exe an.

Systemkonfiguration

at AllOS

Konfiguriert geplante Tasks.

Variationen

at [*Rechner*]

Zeigt die anstehenden **at**-Aufträge in der Warteschlange des Taskplaner-Dienstes an.

at [*Rechner*] *Auftrags-ID* **/delete**
at [*Rechner*] **/delete** [**/yes**]

Löscht einen anstehenden Auftrag (erste Zeile, unter Angabe der Auftrags-ID) oder löscht alle anstehenden Aufträge (zweite Zeile, wobei **/yes** alle Löschanfragen bestätigt).

at [*Rechner*] *Zeit* [*Optionen*] *Befehl*

Trägt einen Auftrag ein. *Zeit* gibt an, um wie viel Uhr *Befehl* ausgeführt wird.

Optionen für Auftragsausführung

/next:*Wochentag* | *n*
> Führt den Auftrag einmalig am genannten Wochentag oder am *n*-ten des Monats aus.

/every: *Wochentag-und-Datumsliste*

Führt den Befehl wiederkehrend an jedem angegebenen Tag der Woche und/oder des Monats aus. Einzelne Tage werden durch Kommata getrennt.

/interactive

Erlaubt Tastatur- und Mauseingaben, wenn der Befehl ausgeführt wird.

---

bcdedit

Verwaltet den Startkonfigurationsdatenspeicher (BCD Store), der unter Windows Vista die Datei *boot.ini* ersetzt. Hier werden aus Platzgründen nur die wichtigsten Optionen vorgestellt. Die generelle Syntax lautet:

bcdedit *Befehl* [{*ID1*} [{*ID2*} [...]]] [*Optionen*]

Die meisten *Befehle* erwarten *IDs* von Einträgen im Datenspeicher als Parameter. **bcdedit /? id** zeigt alle bekannten IDs an, während **bcdedit /enum all** alle Einträge im Speicher samt ihrer ID (Bezeichner genannt) auflistet. Einträge, für die keine bekannte ID existiert, werden anhand ihrer GUID angesprochen.

bcdedit /export | **/import** *Datei*

Exportiert den Inhalt des Datenspeichers in die angegebene Datei bzw. stellt den Datenspeicher daraus wieder her.

bcdedit /copy {*ID*} **/d** *Beschreibung*

Erstellt eine Kopie des durch ID bezeichneten Eintrags und setzt die *Beschreibung* für den neuen Eintrag.

bcdedit /create [{*ID*} | **/application** {*Anwendungstyp*}]
   /d *Beschreibung*

Erstellt einen neuen Eintrag, dessen Typ entweder durch Angabe einer bekannten *ID* oder durch Spezifikation des *Anwendungstyps* (**bootsector**, **osloader**, **resume** oder **startup**) gesetzt wird.

bcdedit /delete {*ID*} [**/f**]

Löscht einen Eintrag und entfernt ihn aus der Anzeigereihenfolge. Zum Löschen bekannter IDs muss **/f** angegeben werden.

bcdedit /deletevalue [{*ID*}] *Datentyp*

Löscht einen Wert eines Eintrages im Datenspeicher. Ohne Angabe von ID wird {**current**} verwendet. Eine Liste der *Datentypen* erhalten Sie mit **bcdedit /? types**.

---

bcdedit /set [{*ID*}] *Datentyp Wert*

Setzt einen *Wert* eines Eintrages im Datenspeicher. Ohne Angabe von *ID* wird {**current**} verwendet.

bcdedit /bootsequence {*ID1*} [{*ID2*} [...]] [**/addfirst** | **/addlast** | **/remove**]

Legt die Startreihenfolge für den nächsten Neustart auf die durch die *IDs* angegebene Reihenfolge fest. Wenn nur eine einzige *ID* angegeben wird, kann diese an den Anfang (**/addfirst**) oder das Ende (**/addlast**) gesetzt oder ganz entfernt (**/remove**) werden.

bcdedit /displayorder {*ID1*} [{*ID2*} [...]] [**/addfirst** | **/addlast** | **/remove**]

Legt die Anzeigereihenfolge des Menüs Multi-Boot fest. Die Optionen entsprechen denen des Befehls **/bootsequence**.

bcdedit /default {*ID*}

Legt den Standardeintrag fest, der zum Starten verwendet wird, wenn der Timeout abläuft.

bcdedit /timeout *Sekunden*

Legt die Zeit in Sekunden fest, die in Multi-Boot-Konfigurationen gewartet wird, bevor der Standardeintrag verwendet wird.

Beispiele

Die folgende Befehlsfolge schreibt einen Vista-Bootsektor und erstellt dann im Datenspeicher einen Eintrag für ein früheres NT-basiertes Betriebssystem. Dies kann nötig sein, wenn z.B. Windows XP nach Vista in einer Multi-Boot-Konfiguration installiert wurde. Zum Ausführen dieser Befehle sollte von der Vista-Installations-DVD gestartet werden, auf der sich auch der Befehl **bootsect** befindet. Im Beispiel wird angenommen, dass die aktive Vista-Partition den Buchstaben C: und das DVD-Laufwerk den Buchstaben E: hat. Für Details siehe den Artikel *KB919529* der Knowledge Base.

E:\boot\bootsect -nt60 all

C:\windows\system32\bcdedit -create {ntldr} -d "Windows XP"

C:\windows\system32\bcdedit -set {ntldr} device partition=C:

C:\windows\system32\bcdedit -set {ntldr} path \ntldr

C:\windows\system32\bcdedit -displayorder {ntldr} -addlast

bootcfg

`bootcfg [/s` *System* `[/u` *Benutzer* `/p [`*Passwort*`]]] [Optionen]`

Verwaltet die Einträge der Datei boot.ini auf *System* (Standard: lokal), zu dem mit dem angegebenen Benutzer/Passwort eine Verbindung hergestellt wird.

Optionen

/addsw [**/mm** *RAM*] [**/bv**] [**/so**] [**/ng**] **/id** *Zeile*
 Fügt Ladeoptionen zu einem Eintrag der boot.ini hinzu, der über seine Zeilennummer identifiziert wird (**/id**). **/mm** begrenzt den vom Betriebssystem genutzten Speicher auf *RAM* MB. **/bv** steht für Basevideo (VGA-Modus), **/so** für SOS (Anzeige der geladenen Treibernamen), **/ng** für NoGUIBoot (keine Fortschrittsanzeige).

/copy [**/d** *Beschreibung*] **/id** *Zeile*
 Kopiert einen Eintrag der boot.ini und gibt der Kopie die angegebene *Beschreibung*.

/default /id *Zeile*
 Setzt den Standardeintrag, der geladen wird, wenn nach dem Timeout keine Auswahl erfolgt ist.

/delete /id *Zeile*
 Löscht einen Eintrag der boot.ini.

/query
 Zeigt die Einträge der boot.ini an.

/rmsw [**/mm**] [**/bv**] [**/so**] [**/ng**] **/id** *Zeile*
 Entfernt die angegebenen Ladeoptionen aus dem Eintrag *Zeile*. Siehe **/addsw**.

/timeout *Sekunden*
 Setzt den Timeout-Wert, nach dessen Ablauf der Standardeintrag geladen wird.

Anmerkung: Zum Ändern der Startoptionen unter Windows Vista wird **bcdedit** verwendet.

---

cmdkey

Verwaltet gespeicherte Anmeldeinformationen für Server oder Domänen.

`cmdkey /list[:`*Ziel*`]`

Zeigt gespeicherte Anmeldeinformationen für *Ziel* an. Falls dieses weggelassen wird, werden alle gespeicherten Informationen ausgegeben.

```
cmdkey /add:Ziel /user:Domäne\Benutzer [/pass:Passwort]
```

Fügt einen Eintrag für *Ziel* hinzu. Falls das *Passwort* nicht angegeben wird, wird es beim Herstellen der Verbindung abgefragt.

```
cmdkey /delete:Ziel
```

Löscht gespeicherte Anmeldeinformationen für *Ziel*.

```
cmdkey /delete /ras
```

Löscht RAS-Anmeldeinformationen.

pagefileconfig.vbs

Verwaltet die Auslagerungsdatei.

```
pagefileconfig.vbs /create | /change [/s Computer] [/u Benutzer]
    [/p Passwort] [/i Anfangsgröße] [/m Maximalgröße] /vo Laufwerk
```

Konfiguriert (erzeugt oder modifiziert) Auslagerungsdateien auf den angegebenen oder allen (*) Laufwerken. Die Größenangaben verstehen sich in MB.

```
pagefileconfig.vbs /delete [/s Computer] [/u Benutzer]
    [/p Passwort] /vo Laufwerk
```

Löscht Auslagerungsdateien auf den angegebenen oder allen (*) Laufwerken.

```
pagefileconfig.vbs /query [/s Computer] [/u Benutzer] [/p Passwort]
    [/fo table | list | csv]
```

Zeigt Informationen zu den Auslagerungsdateien in tabellarischer oder Listenform bzw. Komma-getrennt an.

regsvr32

```
regsvr32 DLL
```

Registriert eine DLL (typischerweise eine COM-Komponente) auf dem System.

Optionen

/u
> Deregistriert die Komponente.

/s
> Stiller Modus, es werden keine Meldungen ausgegeben.

```
schtasks Befehl [Optionen] [/s System [/u Benutzer
   [/p [Passwort]]]]
```

Verwaltet geplante Tasks auf dem lokalen oder einem entfernten System. **/query** zeigt die geplanten Tasks eines Computers an. **/delete** löscht einen mit Namen angegebenen oder alle geplanten Tasks. **/run** bzw. **/end** starten bzw. beenden einen geplanten Task. **/create** und **/change** schließlich erzeugen bzw. modifizieren einen Task. Dabei können alle auch in der grafischen Oberfläche vorhandenen Einstellungen vorgenommen werden.

Anmerkung: Einige der Optionen sind unglücklicherweise abhängig von der Sprachversion dieses Befehls, was die Erstellung von portablen Skripten erschwert.

Aus Platzgründen sei für eine Beschreibung der äußerst umfangreichen Optionen auf die Hilfe des Befehls verwiesen.

---

vssadmin XP, W2k3, Vista

Verwaltet den Volumenschattenkopie-Dienst.

```
vssadmin add shadowstorage /for=x: /on=y: [/maxsize=Größe]
```

Fügt eine Schattenkopie-Speicherassoziation zwischen den Laufwerken x: und y: hinzu und begrenzt optional den maximal zu verwendenden Speicher. *Größe* muss mindestens 100 MB betragen und kann u.a. mit folgenden Suffixen angegeben werden: KB, MB, GB, TB.

```
vssadmin resize shadowstorage /for=x: /on=y: [/maxsize=Größe]
```

Ändert den maximal von Schattenkopien zu belegenden Speicherplatz.

```
vssadmin delete shadowstorage /for=x: [/on=y]
```

Löscht Schattenkopie-Speicherassoziationen für das angegebene Volume auf allen oder dem mit **/on** spezifizierten Volume.

```
vssadmin list shadowstorage /for=x: | /on=y:
```

Zeigt Schattenkopie-Speicherassoziationen für das angegebene Quell- (**/for**) oder Zielvolume (**/on**) an.

```
vssadmin create shadow /for=x: [/autoretry=TimeoutMinuten]
```

Erstellt eine Schattenkopie des angegebenen Volumes. Falls angegeben, und falls gerade ein anderer Prozess eine Schattenkopie erstellt, wird

TimeoutMinuten lang versucht, die Kopie zu erstellen, bevor abgebrochen wird.

vssadmin delete shadows /for=*x***: [/oldest]**

Löscht alle Schattenkopien des angegebenen Volumes.

vssadmin delete shadows /shadow=*SchattenkopieID*

Löscht die Schattenkopien mit der angegebenen ID.

vssadmin delete shadows /all

Löscht alle Schattenkopien aller Volumes.

vssadmin list shadows [/for=*x***:] [/shadow=***SchattenkopieID***]**

Zeigt Informationen zu allen oder einer angegebenen Schattenkopie an.

vssadmin list volumes

Zeigt diejenigen Volumes an, von denen Schattenkopien erstellt werden können.

Anmerkung: Die bei Windows XP und Vista enthaltenen Versionen dieses Befehls bieten nur eine geringe Untermenge der hier beschriebenen Optionen der Windows Server-Version.

winrm

winrm quickconfig

Konfiguriert den Windows-Remoteverwaltungsdienst zum Fernzugriff durch **winrs**. Dieser Befehl bietet viele Optionen, von denen hier aus Platzgründen nur die Option **quickconfig** zur einfachen Schnellkonfiguration aufgeführt ist.

Anmerkung: Die in der ersten (RTM-) Version von Windows Vista enthaltene Version dieses Befehls hat den Fehler, dass zur Bestätigung **y** anstelle des angezeigten **j** gedrückt werden muss.

winrs

winrs [*Optionen*] *Befehl*

Führt *Befehl* in der Shell **cmd.exe** auf einem entfernten System aus. Voraussetzung dafür ist die korrekte Konfiguration des Dienstes Windows-Remoteverwaltung auf dem anderen Computer, z.B. mittels **winrm**.

Optionen

-remote:_Endpunkt_

> Spezifiziert den Computer, auf dem der Befehl ausgeführt werden soll (Standard: **localhost**). Der _Endpunkt_ kann durch seinen Net-BIOS-Namen oder durch eine URL angegeben werden.

-username:_Benutzer_ [**-password:**_Passwort_]

> Gibt den zur Verbindung mit dem entfernten System zu verwendenden _Benutzernamen_ und optional das zugehörige _Passwort_ an, das ansonsten abgefragt wird.

-timeout:_Sekunden_

> Falls ein Timeout für den auszuführenden Befehl verwendet werden soll, kann er hiermit angegeben werden.

-directory:_Pfad_

> Gibt das Startverzeichnis für den entfernten Befehl an. Falls nicht spezifiziert, wird %HOMEDRIVE%%HOMEPATH% verwendet.

-environment:_Variable=Wert_

> Setzt eine Umgebungsvariable im entfernten Kommandozeileninterpreter. Mehrere dieser Parameter können verwendet werden.

-noecho

> Deaktiviert das Echo (Eingaben werden nicht lokal angezeigt).

Netzwerk

Grundlegende Netzwerk-Befehle

arp

AllOS

Zeigt die Zuordnung von MAC-Adressen zu IP-Adressen an und erlaubt die Manipulation dieser Einträge.

`arp -a [`_IP-Adresse_`] [`**-N** _Schnittstelle_`]`

Zeigt die aktuellen Zuordnungen an, ggf. begrenzt auf die angegebene IP-Adresse oder Schnittstelle.

`arp -s` _IP-Adresse MAC-Adresse_ [_Schnittstelle_]

Legt eine Adresszuordnung fest, ggf. begrenzt auf die angegebene Netzwerkschnittstelle.

arp -d *IP-Adresse* [*Schnittstelle*]

Löscht eine Adresszuordnung, ggf. begrenzt auf die angegebene Netzwerkschnittstelle.

---

bitsadmin XPST, W2k3ST, Vista

Verwaltet Download-Jobs des BITS-Dienstes (Background Intelligent Transfer Service), der auch vom Dienst *Automatische Updates* verwendet wird. An dieser Stelle werden aus Platzgründen nur die wichtigsten Optionen dieses mächtigen Befehls beschrieben. Eine vollständige Beschreibung aller Optionen finden Sie in der Hilfe des Befehls.

bitsadmin /transfer *Job-Name* **/download /priority normal** *URL*
  LokalerPfad

Erzeugt den Job *Job-Name*, fügt die in *URL* (wird inklusive Protokoll, z.B. *http://* bezeichnet) angegebene Datei dem Job hinzu, aktiviert und komplettiert (nach erfolgreichem Download) den Job. Die in *URL* angegebene Datei wird durch den Job im Hintergrund auf den lokalen Rechner übertragen und im angegebenen lokalen Pfad gespeichert.

bitsadmin /list

Listet alle Jobs mit GUID, Name, Status und Anzahl der übertragenen Bytes auf.

bitsadmin /info *Job-Name* **/verbose**

Zeigt sehr detaillierte Informationen zu einem Job an. Anstelle des Job-Namens kann auch dessen GUID (kann mit den Parametern **/list** oder **/info** ermittelt werden) angegeben werden, da die Namen nicht eindeutig sein müssen.

bitsadmin /cancel *Job-Name*

Bricht einen Job ab und löscht alle durch den Job erzeugten temporären Dateien. Statt des Job-Namens kann dessen GUID angegeben werden.

bitsadmin /reset

Löscht alle Jobs aus der Warteschlange.

---

dhcploc NT4RK, W2kRK, W2k3ST

dhcploc *IP-Adresse* [*DHCP-Serverliste*]

Findet autorisierte und nicht-autorisierte (rogue) DHCP-Server. *IP-Adresse* ist die IP-Adresse des lokalen Systems bzw. des gewünschten

Netzwerkadapters des lokalen Systems. *DHCP-Serverliste* ist eine optionale Auflistung von IP-Adressen von zu überprüfenden DHCP-Servern.

Optionen

-p

Zeigt keine Informationen über die in der Liste befindlichen DHCP-Server an.

-a:*Namen* [*/i:Sekunden*]

Sendet einen Alarm im Intervall von *Sekunden* an *Namen*, wenn ein DHCP-Server aus der Liste nicht gefunden wurde.

---

ftp
AllOS

ftp *Rechner* | *IP-Adresse*

Startet eine Sitzung zur Dateiübertragung mit einem anderen Rechner, der den FTP-Dienst anbieten muss.

Optionen

-A

Anmeldung als *anonymous*.

-n

Unterdrückt das automatische Anmelden auf dem entfernten Computer.

-w:*Größe*

Setzt die Größe des Übertragungspuffers in Byte (Standardwert ist 4.096).

-i

Schaltet die Bestätigungsaufforderungen aus, wenn mehrere Dateien übertragen werden.

-S:*Datei*

Gibt eine Textdatei an, die ftp-Befehle enthält. Diese Befehle werden nach dem Starten von **ftp** automatisch ausgeführt.

-v

Unterdrückt Antwortmeldungen vom entfernten Server.

-a

Verwendet eine beliebige lokale Schnittstelle.

-g

Deaktiviert die Interpretation von Wildcards in Dateinamen, auch als Globbing bezeichnet.

-d

Aktiviert Debug-Nachrichten.

hostname AllOS

hostname

Zeigt den DNS-Hostnamen des lokalen Systems an.

ipconfig AllOS

ipconfig [-all]

Zeigt die IP-Konfiguration des lokalen Systems an. **-all** erstellt eine detaillierte Ausgabe.

ipconfig -allcompartments [-all]

Zeigt unter Windows Vista die IP-Konfiguration des lokalen Systems getrennt nach Depots (Routing-Compartments) an. **-all** erstellt eine detaillierte Ausgabe.

ipconfig -renew | -release [*Verbindungsname*]

Erneuert bzw. gibt den DHCP-Lease der angegebenen Verbindung frei (Wildcards werden unterstützt).

ipconfig -displaydns | -flushdns

Zeigt den Inhalt des DNS-Auflösungscache an (**-displaydns**) bzw. löscht ihn (**-flushdns**).

ipconfig -registerdns

Aktualisiert alle DHCP-Leases und registriert den Hostnamen im DNS.

ipseccmd XPST

Konfiguriert die IPSec-Richtlinien (Policies) auf Windows XP-Computern (unter Windows Server 2003 kann stattdessen **netsh ipsec** verwendet werden). Details zur Verwendung dieses komplexen Befehls entnehmen Sie bitte dessen Hilfe.

irftp W2k, XP, Vista

irftp *Pfad* [/h] | /s

Sendet Dateien über eine Infrarotverbindung. **/s** öffnet das Eigenschaftsfenster der drahtlosen Verbindung, und **/h** unterdrückt die normaler-

weise erscheinende Dialog-Nachricht der drahtlosen Verbindung, wenn
Dateien gesendet werden.

netstat AllOS

`netstat [Optionen] [n]`

Zeigt TCP/IP-Statistiken an. Falls *n* angegeben wurde, wird die Anzeige
alle *n* Sekunden aktualisiert. Standardmäßig werden die momentan
offenen Verbindungen angezeigt.

Optionen

-a
    Zeigt auch serverseitige Verbindungen an.

-e
    Zeigt Ethernet-Statistiken an.

-n
    Zeigt numerische IP-Adressen und Port-Nummern an.

-r
    Zeigt die Routing-Tabelle an.

-s
    Zeigt Statistiken protokollweise an. Einzelne Protokolle können mit
    -p ausgewählt werden.

-p *Protokoll*
    Erlaubt die Auswahl des gewünschten Netzwerk-Protokolls: **TCP**,
    UDP, **TCPv6**, **UDPv6**. In Verbindung mit **-s** werden zusätzlich
    unterstützt: **IP**, **IPv6**, **ICMP**, **ICMPv6**.

nslookup AllOS

`nslookup [Name | IP-Adresse] [DNS-Server]`

Löst den voll oder teilweise qualifizierten *Namen* bzw. *IP-Adresse* auf dem
primären oder angegebenen *DNS-Server* auf. **nslookup** startet im interaktiven Modus, wenn keine Argumente angegeben wurden. Dort erhalten
Sie durch Eingabe von **help** Informationen zu weiteren Optionen.

pathping W2k, XP, W2k3, Vista

`pathping [Optionen] Ziel`

Zeigt die Route zum Ziel und berechnet Statistiken für jeden Abschnitt.

Optionen

-h *Abschnitte*
> Setzt einen Maximalwert für *Abschnitte* (Hops). Der Standardwert ist 30.

-g *Rechnerliste*
> »Loose Source Routing« gemäß Rechnerliste.

-p *Millisekunden*
> Setzt die Wartezeit zwischen zwei aufeinander folgenden Pings. Der Standardwert ist 250.

-q *Abfrageanzahl*
> Setzt die Anzahl der Abfragen zu jedem Hop. Der Standardwert ist 100.

-w *Millisekunden*
> Setzt das Zeitlimit für jede Antwort. Der Standardwert ist 3.000.

-n
> Löst die IP-Adressen nicht in Rechnernamen auf.

-T
> Fügt eine Layer-2-Prioritätskennung (Layer-2 Priority Tag) an jedes Paket an, um die Geräte ausfindig zu machen, die keine Layer-2-Priorität unterstützen.

-R
> Überprüft, ob jeder Hop RSVP (Resource Reservation Protocol) unterstützt.

---

ping
AllOS

`ping` [Optionen] Ziel

Es wird ein Ping auf das angegebene System ausgeführt. Das Ziel kann dabei mittels Rechnername oder IP-Adresse angesprochen werden.

Optionen

-t | **-n** *Zähler*
> Der Ping läuft so lange, bis er manuell abgebrochen wird (**-t**), bzw. so oft, wie unter *Zähler* angegeben (**-n**). Der Standardwert ist 4.

-l *Länge*
> Setzt die Länge der Pakete in Byte. Der Standardwert ist 32 Byte, der Maximalwert beträgt 65.527.

-a
> Löst eine IP-Adresse in einen Rechnernamen auf.

-f

Setzt das Flag »Do Not Fragment«.

-i *TTL*

Setzt die Gültigkeitsdauer (TTL, Time-to-Live).

-v *TOS*

Setzt den Diensttyp (Type of Service).

-w

Setzt das Zeitlimit für die Rückmeldung in Millisekunden.

-r *n* [**-s** *Zeitstempel*]

Zeichnet die Route für bis zu *n* Hops auf. *n* kann zwischen 1 und 9 liegen. Des Weiteren kann ein optionaler Zeitstempel angegeben werden.

-j | **-k** *Hostliste*

Routet die Pakete über die in der Liste angegebenen Hosts. Dabei kann angegeben werden, ob es erlaubt bzw. verboten ist, die Pakete über unterschiedliche Gateways zu leiten (Loose Source Route mittels **-j** und Strict Source Route mittels **-k**). Bis zu 9 Hosts können in dieser Liste aufgeführt werden.

---

pptpclnt, pptpsrv
NT4RK, W2kST, XPST

pptpclnt
    pptpsrv *Rechner*

Durchführung von PPTP-Verbindungstests. Auf dem Zielrechner wird zuerst **pptpsrv** gestartet und dann auf dem Quellrechner mittels **pptp-clnt** versucht, eine PPTP-Verbindung zum Zielsystem herzustellen.

---

qtcp
W2k3RK

qtcp -t *IP-Adresse-des-Empfängers*
    qtcp -r

Misst mittels QoS-Tests (Quality of Service) die Netzwerkperformance. Dieser Befehl kann im Server- bzw. im Clientmodus gestartet werden. Weitere Informationen erhalten Sie in der Windows-Hilfe.

---

rcp
NT4, W2k, XP, W2k3

rcp [**/b**] *Dateien Ziel*

Kopiert Dateien zu oder von einem entfernten Rechner. Falls das entfernte System auf Windows basiert, muss dieses den RSH-Dienst

(Remote Service Shell) anbieten. Vor die Dateinamen von entfernten Systemen muss die Angabe *Host* [.*Benutzername*]: gesetzt werden.

Optionen

/h

Kopiert auch versteckte Dateien.

/r

Kopiert den Inhalt aller Unterverzeichnisse.

---

route

AllOS

route [*Optionen*] [*Befehl* [*Ziel*] [**mask** *Subnet Mask*] [*Gateway*] ^ [**metric** *Hops*]]

Zeigt die TCP/IP-Routing-Tabelle an und erlaubt Veränderungen. *Befehl* kann einen der folgenden Werte annehmen:

print

Zeigt die angegebene Route oder alle Routen an.

add

Ergänzt die angegebene Route.

delete

Entfernt die angegebene Route.

change

Verändert die angegebene Route.

Der Standardwert für *Subnet Mask* ist 255.255.255.255 und für *Hops* 1.

Optionen

/f

Entfernt alle Gateway-Eintragungen aus der Routing-Tabelle.

/p

Kann mit **ADD** verwendet werden, um dauerhafte Routen zu definieren. Diese Routen stehen auch nach einem Neustart noch zur Verfügung.

---

rpings

NT4RK, W2kRK, W2k3RK

rpings [**-p** *Protokoll*]

Startet den RPC-Verbindungstest-Server. Wenn *Protokoll* angegeben wurde, wird der Test auf ein Protokoll beschränkt (**tcpip**, **namedpipes**,

---

netbios etc.). Mit dem grafischen Tool **rpingc** führen Sie den Test durch.

rsh, rexec
NT4, W2k, XP, W2k3

rsh *Server* [**-l** *Benutzername*] *Befehl*
    rexec *Server* [**-l** *Benutzername*] *Befehl*

Führt einen Befehl auf einem entfernten Rechner mittels **rexec** oder RSH-Dienst aus. Optional kann ein Benutzername des entfernten Systems angegeben werden.

telnet
AllOS

telnet *Rechner* | *IP-Adresse*

Startet eine interaktive Sitzung mit einem entfernten Rechner. Der entfernte Rechner muss den Telnet-Dienst anbieten.

Anmerkung: Unter Windows Vista ist der Telnet-Client nicht im Standard-Installationsumfang enthalten, sondern muss über »Windows-Funktionen ein- oder ausschalten« hinzugefügt werden.

tftp
AllOS

tftp [**-i**] *Rechner* [**get** | **put**] *Datei* [*Ziel*]

Führt einen Dateitransfer auf der Basis von Trivial-FTP aus. Die Option **-i** gibt an, dass es sich um eine binäre Datei handelt; der Transfer von ASCII-Dateien ist die Standardeinstellung. Die Schlüsselwörter **put** und **get** definieren entweder einen Transfer von lokal nach entfernt oder umgekehrt. Das Argument *Ziel* ist optional und gibt das Ziel der zu übertragenden Datei an. Wird anstelle von *Datei* ein Bindestrich angegeben, wird die Eingabe bzw. Ausgabe von Standard-Input bzw. Standard-Output gelesen.

Anmerkung: Unter Windows Vista ist der TFTP-Client nicht im Standard-Installationsumfang enthalten, sondern muss über »Windows-Funktionen ein- oder ausschalten« hinzugefügt werden.

tracert
AllOS

tracert *Rechner* | *IP-Adresse*

Zeigt die Route zum angegebenen Ziel auf.

108 | **Windows-Befehle für Vista & Server 2003**

Optionen

-h *n*
> Setzt die maximale Anzahl von Hops, die zur Zielsuche verwendet werden dürfen.

-w *n*
> Setzt das Zeitlimit für eine Antwort in Millisekunden.

-d
> Die IP-Adressen werden nicht in Rechnernamen aufgelöst.

Microsoft-Netzwerk

browstat

NT4RK, W2kST, W2k3ST

`browstat` [*Optionen*]

Verwaltet die Infrastruktur des Netzwerk-Browsings.

Optionen

dn
> Zeigt die Liste der Transporte an, die an den Browser gebunden sind. Verwenden Sie diese Option, um den kanonischen Namen des gewünschten Transports herauszufinden.

el *Transport Domäne*
> Startet den Auswahlprozess des Master-Browsers in der angegebenen Domäne und auf dem angegebenen Transport.

gb *Transport* [*Domäne*] [**refresh**]
> Empfängt eine Liste der Backup-Browser der angegebenen Domäne und des angegebenen Protokolls.

gm *Transport Domäne*
> Gibt den Master-Browser der angegebenen Domäne aus.

gp *Transport Domäne*
> Gibt den Namen des PDCs der angegebenen Domäne aus.

wfw *Domäne*
> Zeigt alle Windows for Workgroups-Computer, auf denen der Browser aktiv ist.

sts [*Server*] [**clear**]
> Zeigt die Browser-Statistiken des angegebenen Servers an. In der Standardeinstellung wird das lokale System verwendet. Zum Löschen aller Zähler verwenden Sie **clear**.

sta [**-v**] *Domäne*

Zeigt den Browser-Status der angegebenen Domäne an. Für eine erweiterte Ausgabe verwenden Sie die Option **-v**.

tic *Transport Domäne*

Stoppt den Master-Browser der angegebenen Domäne.

vw *Transport Domäne | Server* [**/domain**]

Zeigt die Liste der Browser des angegebenen Servers bzw. der angegebenen Domäne an. Standardmäßig werden die Server aufgelistet. Verwenden Sie die Option **/domain**, um die Domänen zu sehen.

nblookup   WWW

`nblookup /s WINS-Server [/x Suffix] NetBIOS-Name`

Löst den angegebenen NetBIOS-Namen auf dem angegebenen WINS-Server auf. Optional kann das Namenssuffix (z.B. 1C für die Liste der Domänencontroller) angegeben werden. Falls dies nicht geschieht, wird der Wert 20 (Fileserverdienst) verwendet. **nblookup** startet im interaktiven Modus, wenn keine Argumente angegeben wurden. Dort erhalten Sie durch Eingabe von **help** Informationen zu weiteren Optionen.

nblookup wird im Knowledge Base-Artikel 830578 beschrieben und auch zum Download angeboten (*http://support.microsoft.com/Default. aspx?kbid=830578*).

nbtstat   NT4, W2k, XP, W2k3

`nbtstat [Optionen] [n]`

Zeigt Namenstabellen und aktuelle Verbindungen von NBT (NetBIOS über TCP/IP) an. Falls angegeben, wird die Anzeige alle *n* Sekunden aktualisiert.

Optionen

-a *Computername* | **-A** *IP-Adresse*

Zeigt die Namenstabelle des angegebenen Computers an.

-c

Zeigt den Inhalt der Remote-Cache-Namenstabelle an.

-n

Zeigt lokale NetBIOS-Namenszuordnungen an.

-r

Zeigt Namen an, die über WINS oder Broadcasts aufgelöst wurden.

-S | -s

Zeigt tabellarisch die offenen Sitzungen an. Entfernte Rechner werden entweder durch ihre IP-Adresse (**-S**) oder ihren Rechnernamen (**-s**) kenntlich gemacht.

-R

Löscht die Remote-Cache-Namenstabelle und legt sie neu an.

-RR

Gibt registrierte Namen im WINS frei und registriert sie anschließend wieder.

---

net computer AllOS

`net computer \\`*Computername* `{/add | /del}`

Fügt den angegebenen Computer der Domäne hinzu (**/add**) oder entfernt (**/del**) ihn aus der Domäne.

---

net config AllOS

`net config [server | workstation] [`*Optionen*`]`

Zeigt Informationen über die Dienstkonfiguration des Serverdienstes (**server**) oder des Arbeitsplatzdienstes (**workstation**) an bzw. ändert diese.

net config Server-Optionen

/autodisconnect:*Minuten*

Trennt inaktive Serververbindungen nach *Minuten*. Der Standardwert ist 15 Minuten, gültige Werte sind zwischen –1 (abschalten) und 65.535.

/srvcomment:*Text*

Fügt einen Kommentar zum Server hinzu. Die maximale Länge beträgt 48 Zeichen.

/hidden:yes | no

yes entfernt den Eintrag aus der Serverliste. Der Standardwert ist **no**.

net config Workstation-Optionen

/charcount:*Byte*

Gibt die Größe des Puffers in Byte an, die Windows aufnimmt, bevor eine Übertragung an ein Datenkommunikationsgerät stattfindet. Gültige Werte sind 0 bis 65.535, der Standardwert ist 16.

/chartime:*Millisekunden*

Gibt die Zeitdauer in Millisekunden an, nach der Daten von Windows an ein Datenkommunikationsgerät übertragen werden. Gültige Werte sind 0 bis 65.535.000 (entspricht ca. 18 Stunden), der Standardwert ist 250.

Windows verwendet diejenige der beiden Optionen (**/charcount** oder **/chartime**), die zuerst erreicht wird.

/charwait:*Sekunden*

Gibt die Zeitdauer in Sekunden an, wie lange Windows auf die Verfügbarkeit eines Kommunikationsgeräts wartet. Gültige Werte sind 0 bis 65.535, der Standardwert ist 3.600 (1 Stunde).

---

net file   AllOS

`net file [`*id* `[/close]]`

Ohne Optionen werden alle Dateien mit ID-Nummern angezeigt, die von entfernten Computern geöffnet sind. Wenn *id* angegeben wurde, werden nur die Informationen zu dieser entsprechenden Datei ausgegeben. Wenn zusätzlich **/close** angegeben wurde, wird die Datei mit der angegebenen ID geschlossen.

---

net session   AllOS

`net session [\\`*Rechner*`] [/delete]`

Zeigt alle Verbindungen zum lokalen System oder zu *Rechner* an.

/delete schließt die angegebene Sitzung, falls ein Rechner ausgewählt wurde. Andernfalls werden alle Sitzungen, inklusive aller offenen Dateien, geschlossen.

---

net share   AllOS

`net share` *Freigabe*`[=`*Pfad*`] [`*Optionen*`]`

Gibt ein Verzeichnis für den Netzzugriff frei oder löscht eine Freigabe. *Pfad* muss nur angegeben werden, wenn eine neue Freigabe erstellt wird.

Ohne Angabe von Optionen werden alle vorhandenen Freigaben angezeigt. Wenn eine Freigabe ohne Optionen angegeben wurde, werden Informationen über diese Freigabe ausgegeben.

Optionen

/users:_n_

Stellt die Anzahl der Benutzer ein, die gleichzeitig auf die Freigabe zugreifen dürfen.

/unlimited

Die Freigabe kann von beliebig vielen Anwendern gleichzeitig benutzt werden.

/remark:"_Text_"

Fügt der Freigabe eine Beschreibung hinzu.

/cache:_Typ_

Konfiguriert den _Typ_ des client-seitigen Cache: deaktiviert (**none**), manuell (**manual**), nur Dokumente automatisch (**documents**), Programme und Dokumente automatisch (**programs**).

/delete

Löscht die angegebene Freigabe. Es kann entweder der Name, Pfad oder Druckername der zu löschenden Freigabe angegeben werden.

---

net statistics AllOS

`net statistics [`**`server`**` | `**`workstation`**`]`

Zeigt Statistikinformationen des Server- bzw. Arbeitsstationsdienstes an.

---

net time AllOS

`net time `_`Quelle`_` [`**`/set`**`]`

Zeigt die Uhrzeit eines bestimmten Computers an. Der Parameter **/set** synchronisiert die lokale Uhrzeit mit jener von _Quelle_. Das Argument _Quelle_ wird entweder in Form von _Computername_, **/domain:**_Name_ oder in der Form **/rtsdomain:**_Name_ angegeben. Letzteres spezifiziert einen vertrauenswürdigen Zeitserver in der Domäne _Name_.

`net time [\\`_`Computername`_`] [`**`/querysntp`**` | `**`/setsntp:`**_`Server`_`]`

Zeigt bzw. definiert die Namen der vom lokalen System verwendeten NTP-Server (Network Time Protocol). Mehrere Server in der Option **/setsntp** werden durch Leerzeichen getrennt; die gesamte Liste muss dann jedoch in Anführungszeichen gesetzt werden.

Sind keine NTP-Server konfiguriert, so synchronisieren Domänenmitglieder mit einem Betriebssystem ab Windows 2000 ihre Zeit mit dem jeweiligen Anmeldedomänencontroller.

`net use` [*Gerät*: | *] [*Computer**Freigabe*] [*Passwort* | *] [**/user:**
Benutzer] [*Optionen*]

Ordnet eine Netzwerkressource einem lokalen Gerät zu. Dabei kann es sich um einen Laufwerksbuchstaben oder einen Druckeranschluss (**LPT***n*) handeln. Falls anstelle von *Gerät* ein Sternchen (*) angegeben wird, so wird das nächste verfügbare Gerät (i.d.R. der nächste freie Laufwerksbuchstabe) verwendet.

Computer und *Freigabe* werden nur bei der Definition von neuen Zuordnungen angegeben. Gegebenenfalls kann hier eine NetWare-Datenträgerbezeichnung ergänzt werden.

Ein benötigtes Passwort kann auf der Befehlszeile angegeben werden. Wenn stattdessen ein Sternchen (*) eingegeben wurde, wird das Passwort an der Eingabeaufforderung abgefragt. Ohne Angabe von *Benutzer* und *Passwort* werden die Anmeldeinformationen des aktuell angemeldeten Benutzers verwendet.

Optionen

/persistent:yes | no
Erstellt eine ständige Verbindung, die nach jeder Anmeldung wiederhergestellt wird. Standardwert ist die letzte verwendete Einstellung. Wenn diese Option ohne weitere Argumente angegeben wird, so wird der aktuelle Standardwert verändert.

/home
Ordnet den angegebenen Laufwerksbuchstaben dem Basisverzeichnis des Benutzers zu. Die Angabe einer Ressource ist nicht notwendig.

/delete
Die angegebene Gerätezuordnung wird dauerhaft gelöscht.

/savecred
Speichert die angegebenen Anmeldeinformationen. Bei der nächsten Herstellung der Verbindung zur gleichen Freigabe auf dem gleichen Server müssen diese nicht erneut eingegeben werden.

net view AllOS

`net view` [*Ziel*]

Zeigt die Namen von Computern in einer Domäne oder einem Netzwerk an. Es können auch die Namen freigegebener Ressourcen auf einem entfernten Computer angezeigt werden. *Ziel* kann einen der folgenden Werte annehmen:

Computer
> Der Name eines Computers, dessen Freigaben angezeigt werden sollen.

/domain:*Name*
> Eine Domäne, deren Mitglieder angezeigt werden sollen. Ohne Angabe von *Name* werden alle Domänen des lokalen Netzes angezeigt.

/network:nw [*Rechner*]
> Ohne Angabe von *Rechner* zeigt diese Option alle verfügbaren NetWare-Server an. Wenn *Rechner* angegeben wurde, werden die NetWare-Ressourcen des angegebenen Computers angezeigt.

Wenn kein *Ziel* angegeben wurde, werden alle Computer in der lokalen Domäne angezeigt.

---

openfiles
XP, W2k3, Vista

Zeigt (lokal oder über das Netzwerk) geöffnete Dateien an oder trennt diese.

openfiles /disconnect [**/s** *Computer* [**/u** *Benutzer* [**/p** [*Passwort*]]]]
   [**/op** *Dateiname*] **/id** *DateiID* | **/a** *Benutzer* | **/o** *Modus*

Trennt geöffnete Dateien auf *Computer* anhand ihrer ID, des Benutzers, des Öffnungsmodus (**read**, **write** oder **read/write**) oder des Dateinamens. Für alle diese Parameter kann ein Stern (*) als Wildcard angegeben werden.

openfiles /query [**/s** *Computer* [**/u** *Benutzer* [**/p** [*Passwort*]]]]
   [**/fo table** | **list** | **csv**] [**/nh**] [**/v**]

Zeigt geöffnete Dateien an. Das Ausgabeformat kann tabellarisch, in Listenform oder im CSV-Format sein. **/nh** unterdrückt die Ausgabe von Spaltenüberschriften. **/v** zeigt ausführliche Informationen an.

openfiles /local [**on** | **off**]

(De-) Aktiviert das globale Systemflag *Maintain Objects List*, das zur Anzeige lokal geöffneter Dateien aktiviert sein muss.

---

rasdial
AllOS

rasdial *Eintrag* [*Benutzer* [*Passwort* | *****] [**/Domain:***Domäne*]]
   [*Optionen*]
rasdial [*Eintrag*] **/Disconnect**

In der ersten Zeile wählt der Befehl über den RAS-Dienst einen Eintrag aus dem Telefonbuch an, und in der zweiten Zeile beendet er eine bestehende Verbindung. Wird anstelle eines Passworts ein Sternchen (*) angegeben, wird nach einem Passwort gefragt.

Optionen

/Phone:*Nummer*
  Wählt die Telefonnummer.

/PhoneBook:*Datei*
  Verwendet das angegebene Telefonbuch, dann das Standard-Telefonbuch (%SystemRoot%\System32\RAS*Benutzername*.pbk).

/CallBack:*Nummer*
  Definiert eine Rückrufnummer.

/PrefixSuffix
  Verwendet die TAPI-Wählregeln.

---

srvcheck

srvcheck *Computername*

Zeigt alle Freigaben (Shares) mit deren Zugriffsberechtigungen auf dem angegebenen Computer an.

Administration von Microsoft-Netzwerkdiensten

---

dnscmd

dnscmd [*Server*] /*Hauptoption Weitere_Argumente*

Administriert einen DNS-Server. Das Format des Befehls variiert je nach Funktion des Servers. *Server* gibt den anzusprechenden DNS-Server an; standardmäßig wird der aktuelle DNS-Server verwendet. Ein Punkt spezifiziert das lokale System. *Hauptoption* gibt die durchzuführende Aktion an. Folgende Möglichkeiten existieren:

Optionen

/Info [*Eigenschaft*]
  Zeigt grundsätzliche Informationen über den angegebenen DNS-Server an, ggf. begrenzt auf die angegebenen Eigenschaften. Die Liste der Eigenschaften finden Sie in der Hilfe des Befehls.

/Statistics [*Filtermaske*] [**/Clear**]

Zeigt die Statistiken des DNS-Servers an. Die Ausgabe kann über eine Maske gefiltert werden (die Komponenten der Maske sind in der Hilfe des Befehls definiert). **/Clear** setzt alle Zähler auf null, die diese Option unterstützen.

/ResetListenAddresses [*IP-Adresse*]

Definiert oder löscht die Liste der Rechner, die DNS-Anfragen bedienen.

/ResetForwarders [*IP-Adresse*] [**/Slave**] [**/Timeout** *Sek*]

Setzt oder löscht die Liste der DNS-Forwarder. **/Slave** definiert *Server* als Slave-DNS-Server, und *Sek* gibt die Zeitüberschreitungsdauer in Sekunden an (Standardwert ist 5).

/EnumZones [*/Typ*] [**/Forward** | **/Reverse**]

Zählt die Zonen eines DNS-Servers auf. */Typ* beschränkt die Liste der DNS-Server auf einen bestimmten Typ (primärer, sekundärer oder Cache-only-DNS-Server). **/Forward** bzw. **/Reverse** beschränkt die Liste auf Forward- oder Reverse-Lookup-Zonen.

/EnumRecords *Zone Knoten* [*Weitere-Optionen*]

Listet alle Einträge der angegebenen DNS-Subdomäne auf. *Zone* gibt die gewünschte Zone an, und *Knoten* definiert innerhalb der Zone den Startpunkt der Ausgabe. *Node* muss entweder @ (Root der Zone), ein FQDN (Fully Qualified Domain Name) eines Knotens in der Zone oder ein einfacher Name sein, der relativ zur Zone interpretiert wird. Weitere Optionen erlauben die Beschränkung der auszugebenden Einträge. Nähere Informationen sowie die komplette Liste erhalten Sie in der Hilfe des Befehls.

/Restart

Startet den angegebenen DNS-Server neu.

/Config [*Zone* | *..AllZones*] *Eigenschaft hex-wert*

Setzt verschiedene Parameter des DNS-Servers, entweder für die angegebene Zone oder für alle Zonen. Sie finden alle Eigenschaften in der Hilfe des Befehls.

/ClearCache

Löscht den Cache des angegebenen DNS-Servers.

/WriteBackFile [*Zone*]

Schreibt alle Hinweise auf das Stammverzeichnis oder die Zonendaten-Dateien eines DNS-Servers.

/RecordAdd *Zone Name* [**/Aging**] [*ttl*] *Typ Daten*

Fügt einen Ressourceneintrag zur angegebenen Zone des angegebenen DNS-Servers hinzu. *Typ* ist der DNS-Datensatztyp, *Name* sind die primären Daten des Typs, und unter *Daten* sind verschiedene weitere Informationen definiert, die für diesen Typ von Eintrag benötigt werden. Ein Beispiel anhand eines A-Eintrags: *Name* ist der Rechnername, und *Daten* wäre die IP-Adresse des Rechners. **/Aging** aktiviert das Altern des Eintrags, ist aber standardmäßig deaktiviert. *ttl* ist die Lebenszeit (Time-to-Live) des Eintrags. Standardmäßig entspricht dieser Wert dem Wert im SOA-Eintrag.

/RecordDelete *Zone Typ Daten* [**/F**]

Löscht den angegebenen DNS-Eintrag. **/F** unterdrückt die Bestätigungsmeldung.

/NodeDelete *Zone Knoten* [**/Tree**] [**/F**]

Löscht alle DNS-Einträge auf dem angesprochenen Knoten. **/F** unterdrückt die Bestätigungsmeldungen, und **/Tree** löscht die komplette Subdomäne, beginnend ab diesem Knoten.

/ZoneInfo *Zone* [*Eigenschaften*]

Zeigt Informationen über die angegebene DNS-Zone an. Die Ausgabe kann auf *Eigenschaften* beschränkt werden. Eine vollständige Liste der Eigenschaften finden Sie in der Hilfe des Befehls.

/ZoneAdd [*Zone*] **/Primary /File** *Datei* [**/Load**] [**/A** *Admin*]

/ZoneAdd [*Zone*] **/Secondary** *Primäre-IPs* [**/File** *Datei* [**/Load**]]

/ZoneAdd [*Zone*] **/DSPrimary**

Erstellt eine neue DNS-Zone vom angegebenen Typ. **/File** definiert die Zonendatei, und **/Load** gibt an, dass bestehende Zonendaten daraus gelesen werden sollen.

/ZoneDelete *Zone* [**/DSDel**] [**/F**]

Löscht die angegebene Zone. Geben Sie **/DSDel** an, falls die Zone eine Active Directory-integrierte Zone ist. **/F** unterdrückt die Bestätigungsmeldung.

/ZoneRefresh *Zone*

Erzwingt eine sofortige Aktualisierung der angegebenen Zone vom primären DNS-Server.

/ZoneReload *Zone*

Lädt auf dem DNS-Server die angegebene Zone neu, entweder aus der Datei oder dem Active Directory.

/ZoneUpdateFromDS *Zone*

Aktualisiert auf dem DNS-Server eine Active Directory-integrierte Zone.

/ZoneResetSecondaries *Zone* [**/Secure**] [*IP-Adressen*]
> Definiert oder setzt die Benachrichtigungsliste der sekundären DNS-Server der angegebenen Zone zurück. **/Secure** beschränkt den Zugriff auf die aufgeführten sekundären DNS-Server.

/ZoneWriteBack *Zone*
> Schreibt auf dem DNS-Server die Zonendaten zurück in die Datei.

/ZonePause *Zone*
> Hält die Zone auf dem DNS-Server an.

/ZoneResume *Zone*
> Reaktiviert die angehaltene Zone auf dem DNS-Server.

/ZoneResetType *Zone* **/Primary /File** *Datei* [**/A** *Admin*] [*Optionen*]
/ZoneResetType *Zone* **/Secondary** *Primäre-IPs* [**/File** *Datei*]
/ZoneResetType *Zone* **/DSPrimary** [*Optionen*]
> Ändert den Typ des DNS-Servers der angegebenen *Zone*. Dabei werden die Optionen verwendet, die bereits unter **/ZoneAdd** erklärt wurden. Weitere Optionen sind **/Overwrite_Mem,** um die Zonendaten im Speicher des DNS-Servers mit denen aus dem Active Directory zu überschreiben, und **/Overwrite_DS,** um die Zonendaten im Active Directory mit den Zonendaten aus dem Speicher des DNS-Servers zu überschreiben.

/AgeAllRecords *Zone Knoten* [**/Tree**] [**/F**]
> Aktiviert das Altern der Zoneneinträge ab dem angegebenen Knoten. Zum Aktivieren des Alterns für die komplette Subdomäne verwenden Sie **/Tree**. **/F** unterdrückt Bestätigungsmeldungen.

/StartScavenging
> Aktiviert den Aufräumprozess (Scavenging). Dieser Prozess sucht nach veralteten DNS-Einträgen und löscht diese. Der Aufräumprozess ist standardmäßig nicht aktiviert.

/ZoneResetScavengeServers *Zone* [*IP-Adresse*]
> Definiert bzw. setzt eine Liste der DNS-Server zurück, die den Aufräumprozess durchführen.

dfscmd W2k, W2k3, W2k3AP

`dfscmd [Optionen]`

Konfiguriert einen DFS-Baum (Distributed File System).

Optionen

/view *DFS-Stamm**Freigabe* [**/Partial** | **/Full** | **/Batch** | ^
/BatchRestore]

> Zeigt die Volumes der angegebenen Freigabe an. **/Partial** fügt der
> Ausgabe Freigabekommentare hinzu, und **/Full** zeigt alle Server
> eines jeden Volumes an. **/Batch** erzeugt eine Batch-Datei, um das
> DFS wiederherzustellen.

/map *DFS-Stamm**Freigabe**Pfad**Server**Freigabe**Pfad* [*Kommentar*] ^
[**/Restore**]

> Fügt dem DFS-Baum an der angegebenen Stelle ein freigegebenes
> Verzeichnis hinzu. **/Restore** unterdrückt alle Überprüfungen des
> Zielservers und erzwingt die Zuordnung.

/unmap *DFS-Stamm**Freigabe**Pfad*

> Entfernt ein Volume aus dem DFS-Baum.

/add *DFS-Stamm**Freigabe**Pfad**Server*\ *Freigabe**Pfad* [**/Restore**]

> Fügt dem angegebenen DFS-Volume eine Replik hinzu. **/Restore**
> unterdrückt alle Überprüfungen des Zielservers und erzwingt die
> Zuordnung.

/remove *DFS-Stamm**Freigabe**Pfad**Server**Freigabe**Pfad*

> Entfernt eine Replik eines DFS-Volumes.

---

dfsutil   W2kST, W2k3ST

dfsutil [*Optionen*]

Ermöglicht die Abfrage und Administration eines DFS-Stammes.

Optionen für Server und Client

/view:*DFS-Stamm**DFS-Verknüpfung* [**/dcname:***Name*] [**/LEVEL:1**]

> Zeigt die Konfigurationsinformationen für die angegebene DFS-
> Verknüpfung an. **/LEVEL:1** erzeugt eine detaillierte Ausgabe.

/addroot: *DFS-Stamm* **/server:***Server* **/share:***Freigabe*

> Erzeugt einen neuen DFS-Stamm auf *Server* in *Freigabe*.

/unmap:*DFS-Stamm**DFS-Verknüpfung* **/root:***Server**Freigabe*

> Entfernt die in **/root** angegebene Freigabe vom angegebenen DFS-
> Stamm.

Client-Optionen

/pktinfo

> Zeigt Informationen zum DFS-Partitions-Cache an.

/pktflush

Löscht den Partition Knowledge Table-Cache (den Cache, in dem der Client Informationen über die DFS-Infrastruktur speichert).

---

netsh

netsh [**-c** *Kontext*] [**-r** *Computer*] [**-u** *Benutzer*] [**-p** *Passwort* | *]
[*Befehl* | **-f** *Skriptdatei*]

Das Administrationswerkzeug des Netzwerk-Subsystems. Dieses Tool kann entweder interaktiv oder per Skriptdatei gesteuert werden. Der Aufruf ohne Parameter startet den Befehl im interaktiven Modus, in dem er an der eigenen Kommandozeile Eingaben entgegennimmt (**help** zeigt jederzeit eine kontexbezogene Hilfe an). Auf Grund des begrenzten Platzangebotes und der Mächtigkeit des Befehls sei für eine vollständige Beschreibung auf die (Online-) Hilfe verwiesen.

Verfügbare Kontexte

aaaa

Konfiguriert die Datenbank des Internet Authentication Service (IAS).

advfirewall *und* **firewall**

Verwaltet Firewall-Richtlinien und -Konfiguration.

bridge

Verwaltet die Netzwerkbrücke.

dhcp

Konfiguriert den DHCP-Serverdienst.

dhcpclient

Verwaltet den DHCP-Client.

diag

Bietet verschiedene Befehle zur Netzwerkdiagnose.

http

Verwaltet den HTTP-Servertreiber *http.sys*.

interface

Verwaltet die IP-Konfiguration (v4 und v6).

ipsec

Verwaltet IPSec-Richtlinien.

lan *und* **wlan**

Verwaltet drahtgebundene und drahtlose Netzwerkschnittstellen.

nap
Verwaltet Network Access Protection.

netio
Verwaltet Bindungsfilter.

p2p
Verwaltet die Peer-to-Peer-Dienste von Windows Vista.

ras
Verwaltet Remote Access-Server.

routing
Konfiguriert den Routing- und RAS-Dienst.

rpc
Konfiguriert die Bindungen des RPC-Dienstes.

winhttp
Konfiguriert Proxy- und Tracing-Einstellungen des HTTP-Clients von Windows.

wins
Konfiguriert den WINS-Serverdienst.

winsock
Setzt u.a. die Winsock-Konfiguration zurück.

Beispiele

Hier einige Beispiele für die Verwendung von **netsh**:

netsh interface ip set dns "LAN-Verbindung" ^
static *IP-Adresse*
Setzt den primären DNS-Server für das lokale System:

netsh dhcp server scope *Name* **add excluderange ^**
IP-Adresse1 IP-Adresse2
Fügt einem bereits existierenden DHCP-Adresspool einen ausgeschlossenen Bereich hinzu:

winschk
NT4RK, W2kRK

`winschk`

Interaktives Werkzeug zum Überprüfen und Überwachen von WINS-Servern.

Internet Information Server

appcmd Vista

Dieser in *%SystemRoot%\System32\InetSrv* befindliche Befehl ersetzt unter Windows Vista die verschiedenen Konfigurationstools für den IIS. Da **appcmd** alle Aspekte der IIS7-Konfiguration in sich vereinigt, ist das Tool sehr mächtig. Die generelle Syntax lautet:

appcmd *Befehl Objekttyp* [*ID*] [*/Parameter1:Wert1 ...*] [*Optionen*]

Folgende *Objekttypen* des IIS werden unterstützt: Anwendung (**app**), Anwendungspools (**apppool**), Sicherungen (**backup**), Konfigurationsabschnitte (**config**), Servermodule (**module**), HTTP-Anforderungen (**request**), Sites (**site**), Ablaufverfolgungsprotokolle (**trace**), virtuelle Verzeichnisse (**vdir**) und Arbeitsprozesse (**wp**).

Je nach *Objekttyp* werden unterschiedliche *Befehle* unterstützt. Folgende vier Kommandos gelten für alle Objekte:

add
> Erstellt ein neues Objekt des angegebenen Typs und Namens/Pfades (*ID*) mit den angegebenen *Parametern*.

delete
> Löscht das Objekt des angegebenen Namens/Pfades (*ID*).

list
> Gibt die Objekte des angegebenen Typs aus. Optional kann mit *ID* ein bestimmtes Objekt ausgewählt und/oder nach Objekten gefiltert werden, bei denen einzelne *Parameter* geforderte *Werte* haben.

set
> Setzt einen oder mehrere *Parameter* beim durch *ID* spezifizierten Objekt.

Einzelne Objekttypen haben weitere Befehle. Bitte entnehmen Sie diese der Hilfe zum Befehl.

Optionen

/commit:*Pfad*
> Schreibt Konfigurationsänderungen an den angegebenen *Pfad*, anstelle dessen auch folgende Angaben gültig sind: **apphost** (auf Serverebene in applicationHost.config), **app** (Applikationsstamm in web.config), **site** (Site-Stamm in web.config), **url** (Standard – schreibt auf der Ebene, für die die Konfiguration gesetzt wird).

/config[:*]

Ausgabe der unverarbeiteten XML-Konfigurationsdaten (mit Asterisk auch der vererbten Daten).

/in

Liest die Eingabe im XML-Format von der Standardeingabe.

/text[:*Attribut* | *]

Ausgabe des angegebenen oder aller *Attribute* in Textform.

/xml

Ausgabe in XML statt als Text. Kann als Eingabe für **/in** verwendet werden.

Beispiele

appcmd list sites /state:stopped

Zeigt alle gestoppten Sites.

appcmd add site /name:*NewSite* **/id:2 /bindings:"***http/*:81:*" ^
/physicalPath:"*C:\WWWRoot\NewSite*"

Erstellt eine neue Site mit einigen Eigenschaften.

appcmd delete site "*NewSite*"

Löscht eine Site.

appcmd add backup "*Sicherung*"

Erstellt ein Backup eines bestimmten Namens.

appcmd restore backup "*Sicherung*"

Spielt ein Backup eines bestimmten Namens zurück.

---

convlog   NT4, W2k, W2k3

`convlog [Optionen] Protokolldatei`

Konvertiert Protokolldateien aus dem IIS- in das NCSA-Format.

Optionen

-i*Typ*

Legt den Typ der zu konvertierenden Datei auf IIS (*Typ*=**i**), NCSA (*Typ*=**n**) oder erweitertes W3C-Format (*Typ*=**e**) fest.

-o *Verzeichnis*

Verwendet das angegebene anstelle des aktuellen Verzeichnisses zur Ausgabe.

-d

Auflösen von IP-Adressen nach DNS-Namen.

-c

Fortsetzen der Konvertierung bei einer inkorrekten Zeile in der Protokolldatei.

iisback.vbs

iisback.vbs [*Optionen*] [**/s** *Server*] [**/u** *Benutzer*] [**/p** *Passwort*]

Erstellt und verwaltet Backups der IIS-Konfiguration (Metabasis und Schema). Das Skript läuft unter Windows XP und Server 2003, kann jedoch nur zur Administration von IIS Version 6 verwendet werden.

Optionen

/backup [**/b** *BackupName*]
Erstellt ein Backup des angegebenen Namens im Verzeichnis %Systemroot%\system32\inetsrv\metaback.

/delete /b *BackupName* **/v** *Version*
Löscht die höchste (*Version* durch HIGHEST_VERSION ersetzen) oder angegebene Version eines Backups.

/list
Zeigt im Standardpfad (s. **/backup**) vorhandene Backups an.

/restore /b *BackupName* [**/v** *Version*]
Führt ein Restore der IIS-Konfiguration durch. Mit **/v** kann explizit eine bestimmte Version angegeben werden (Standard: die höchste vorhandene).

iiscnfg.vbs

iiscnfg.vbs [*Optionen*] [**/s** *Server*] [**/u** *Benutzer*] [**/p** *Passwort*]

Importiert und exportiert Metabasis-Einstellungen oder kopiert die gesamte IIS-Konfiguration (Metabasis und Schema) zu einem anderen Computer. Das Skript läuft unter Windows XP und Server 2003, kann jedoch nur zur Administration von IIS Version 6 verwendet werden.

Optionen

/export /f *XML-Datei* **/sp** *Metabasis-Pfad* [**/inherited**] [**/children**]
Exportiert den angegebenen Metabasis-Schlüssel, ggf. samt vererbten Eigenschaften und Unterschlüsseln, in eine XML-Datei.

/import /f *XML-Datei* **/sp** *Metabasis-Quellpfad* **/dp** *Metabasis-Zielpfad*
[/inherited] [/children] [/merge]

Importiert Schlüssel aus einer XML-Datei in die Metabasis, ggf. samt vererbten Eigenschaften und Unterschlüsseln. Wenn die importierten Schlüssel bereits vorhandene Schlüssel nicht ersetzen, sondern mit ihnen zusammengeführt werden sollen, wird **/merge** angegeben.

/copy /ts *Ziel-Computer* **/tu** *Ziel-Benutzer* **/tp** *Ziel-Passwort*

Kopiert (repliziert) Metabasis und Schema zum angegebenen Computer. Quelle ist der mit dem Parameter **/s** angegebene Server.

/save

Schreibt Änderungen an der Metabasis sofort auf die Festplatte, so dass der Administrator das nächste periodische Update nicht abwarten muss.

iisvdir.vbs W2k3, W2k3AP

```
iisvdir.vbs [Optionen] [/s Server] [/u Benutzer] [/p Passwort]
```

Erstellt und löscht virtuelle Verzeichnisse von Websites. Das Skript läuft unter Windows XP und Server 2003, kann jedoch nur zur Administration von IIS Version 6 verwendet werden.

Optionen

/create *Website*[/Virtueller-Pfad] *Name Verzeichnispfad*

Erstellt ein virtuelles Verzeichnis in der Wurzel der Website oder in einem bereits vorhandenen virtuellen Verzeichnis.

/delete *Website*[/Virtueller-Pfad]/Name

Löscht ein virtuelles Verzeichnis.

/query *Website*[/Virtueller-Pfad]

Listet alle virtuellen Verzeichnisse in der Wurzel der Website oder im angegebenen virtuellen Verzeichnis auf.

iisweb.vbs W2k3, W2k3AP

```
iisweb.vbs [Optionen] [/s Server] [/u Benutzer] [/p Passwort]
```

Erstellt, löscht und konfiguriert Websites. Das Skript läuft unter Windows XP und Server 2003, kann jedoch nur zur Administration von IIS Version 6 verwendet werden.

Optionen

/create *Pfad Site-Name* [**/b** *Port*] [**/i** *IP-Adresse*] [[**/d** *Host-Header*] [**/dontstart**]

> Erstellt eine Website mit Namen *Site-Name*, deren Dateien in *Pfad* liegen. Der Pfad wird erstellt, falls er noch nicht existiert. Port, IP-Adresse und Host-Header-Name können angegeben werden. **/dontstart** verhindert, dass die Site nach dem Erstellen gestartet wird.

/delete *Site-Name1 Site-Name2 ...*

> Löscht die angegebenen Websites.

/start | **/stop** | **/pause** *Site-Name1 Site-Name2 ...*

> Startet/stoppt/pausiert die angegebenen Websites.

/query [*Site-Name1 Site-Name2 ...*]

> Zeigt Metabasis-Pfad und weitere Informationen aller oder der angegebenen Websites an.

iisreset W2k, XP, W2k3, Vista

`iisreset` [*Server*] [*Optionen*]

Verwaltet den Internet Information Services (IIS)-Dienst auf *Server*.

Optionen

/Restart | **/Start** | **/Stop** | **/Status**

> Startet den IIS neu (**/Restart** ist die Standardeinstellung), startet den IIS (**/Start**), stoppt den IIS (**/Stop**) oder zeigt den Status des IIS-Dienstes an (**/Status**).

/Enable | **/Disable**

> Aktiviert bzw. deaktiviert das Neustarten des IIS-Dienstes.

/RebootOnError [**/Timeout:***s*]

> Falls eine Start-, Stopp- oder Neustart-Operation fehlschlägt, wird der Server neu gestartet (ggf. bis zu *s* Sekunden auf die erfolgreiche Durchführung der Operation warten).

/NoForce

> Falls das Stoppen des IIS-Dienstes nicht erfolgreich ist, den Prozess nicht zum Beenden zwingen, sondern auf eine erfolgreiche Stopp-Operation warten. Das Erzwingen eines gestoppten IIS-Prozesses ist die Standardeinstellung.

Benutzer und Gruppen

copypwd WWW

Importiert oder exportiert Passwort-Hashes in/aus eine(r) Domäne bzw. lokale(n) Benutzerdatenbank. Dieser Befehl kann z.B. verwendet werden, um bei Migrationen die Kennwörter der Benutzer von einer Domäne in eine andere zu übernehmen.

copypwd DUMP > copypwd.txt

Schreibt alle Benutzernamen samt Passwort-Hash-Werten des lokalen Systems (bei Domänencontrollern: alle Benutzer der Domäne) in die angegebene Textdatei. Der Befehl muss an der Konsole ausgeführt werden, in einer Terminalsitzung funktioniert er nicht.

copypwd SET

Schreibt die Passwort-Hash-Werte aus der Datei *copypwd.txt* in die Benutzerdatenbank des lokalen Systems (bei Domänencontrollern: in die Domänendatenbank bzw. in das Active Directory). Der Befehl muss an der Konsole ausgeführt werden, in einer Terminalsitzung funktioniert er nicht.

delprof NT4RK, W2kRK, W2k3RK

delprof [/c:\\Server] [Optionen]

Löscht Benutzerprofile auf dem lokalen oder auf dem angegebenen Computer.

Optionen

/q
Unterdrückt alle Bestätigungsmeldungen.

/d:*Tage*
Gibt die Anzahl der Tage an, die das Profil mindestens nicht mehr verwendet worden sein darf. Der Standardwert ist 0.

/r
Löscht nur lokal zwischengespeicherte Roaming Profiles.

kixtart

Kixtart ist ein mächtiger Logon-Skript-Prozessor (*http://www.kixtart. org*), der die Erstellung von Benutzer-Anmeldeskripten stark vereinfacht. Zu den zahlreichen Funktionen gehören die Abfrage von Gruppenmitgliedschaften, das Trennen und Verbinden von Laufwerken und Druckern sowie die Abfrage und das Setzen von Registrierungswerten. Die umfangreiche Dokumentation in der Datei kix32.doc enthält eine detaillierte Beschreibung der Funktionen.

logoff

logoff [*Sitzungsname* | *Sitzungskennung*] [**/server:***servername*] [**/v**]

Beendet eine Benutzersitzung lokal oder auf dem angegebenen Server ohne weitere Rückfrage. Die zu beendende Sitzung kann durch ihren Namen oder ihre Kennung identifiziert werden. Beide Informationen lassen sich über die Terminal-Diensteverwaltung ermitteln. Die Sitzungskennung kann auch im Task-Manager angezeigt werden: **Ansicht→ Spalten auswählen→Sitzungskennung**. Ohne Angabe von Name oder Kennung wird der aktuelle Benutzer abgemeldet.

Die Syntax dieses Befehls unterscheidet sich zwischen den Windows-Versionen. Hier ist jene von XP/Server 2003/Vista dokumentiert.

net group

Zeigt eine globale Gruppe an oder ändert sie. **/domain** bedeutet, dass der Befehl auf dem primären Domänencontroller ausgeführt wird und nicht auf dem lokalen System.

net group

Zeigt die Namen globaler Gruppen in der aktuellen Domäne an.

net group *Name* [*Benutzer*] [**/add**] [**/domain**]

Legt eine Gruppe an oder fügt *Benutzer* zu einer existierenden Gruppe hinzu.

net group *Name* [*Benutzer*] **/delete** [**/domain**]

Löscht eine Gruppe oder entfernt *Benutzer* aus einer Gruppe.

net group *Name* [**/add**] **/comment:***Beschreibung* [**/domain**]

Fügt eine Beschreibung zu einer existierenden oder einer neuen Gruppe hinzu.

net localgroup

Zeigt eine lokale Gruppe an oder ändert sie. **/domain** bedeutet, dass der Befehl auf dem Domänencontroller ausgeführt wird und nicht auf dem lokalen System. Die Benutzerlisten werden mittels Leerzeichen getrennt.

net group

Zeigt die Namen lokaler Gruppen in der aktuellen Domäne an.

net group *Name* [*Benutzer*] [**/add**] [**/domain**]

Legt eine Gruppe an oder fügt *Benutzer* zu einer bestehenden Gruppe hinzu.

net group *Name* [*Benutzer*] **/delete** [**/domain**]

Löscht eine Gruppe oder entfernt *Benutzer* aus einer Gruppe.

net group *Name* [**/add**] **/comment:***Beschreibung* [**/domain**]

Fügt eine Beschreibung zu einer existierenden oder einer neuen Gruppe hinzu.

net user

net user *Benutzername* [*Passwort*|*] ^
    [**/add** [*Optionen*]|**/delete**] [**/domain**]

Erlaubt das Anlegen und Verändern von Benutzerkonten. Auf den Benutzernamen kann ein Passwort oder ein Sternchen (*) folgen, wenn das Passwort bei der Eingabeaufforderung eingegeben werden soll. Ohne Optionen zeigt der Befehl alle Benutzerkonten der lokalen Domäne oder der lokalen Arbeitsstation an.

Optionen

/add | /delete
    Erstellt (**/add**) oder löscht (**/delete**) das angegebene Benutzerkonto. Standardmäßig wird ein existierendes Konto verändert.

/domain
    Führt den Befehl auf dem primären Domänencontroller aus.

/active:yes | no
    Aktiviert oder deaktiviert das Konto.

/fullname:*Text*
    Der Name des Benutzers.

/expires:*Datum* | **never**
> Das Ablaufdatum des Kontos, falls gewünscht.

/homedir:*Pfad*
> Das Stammverzeichnis.

/passwordchg:yes | **no**
> Definiert, ob das Passwort durch den Benutzer geändert werden kann.

/passwordreq:yes | **no**
> Definiert, ob für dieses Konto ein Passwort vorhanden sein muss.

/profilepath:*Pfad*
> Pfad zum Benutzerprofil dieses Kontos.

/scriptpath:*Pfad*
> Pfad zum Anmeldeskript dieses Benutzers.

/times:all | *Zeiten*
> Erlaubte Anmeldezeiträume.

/workstations:*Liste*
> Beschränkt die Anmeldung auf die angegebenen Rechner (maximal acht Einträge).

/comment:*Zeichenfolge*, **/usercomment:***Zeichenfolge*
> Beschreibende Kommentare zu diesem Konto.

/countrycode:*n*
> Betriebssystem-Ländercode (0 bedeutet, dass der Standardwert des Rechners verwendet wird).

---

whoami NT4RK, W2kRK, XPST, W2k3, Vista

Zeigt Informationen aus dem Access Token des angemeldeten Benutzers an (u.a. Gruppenmitgliedschaften und Privilegien/Rechte).

```
whoami [/upn | /fqdn | /logonid]
```

Zeigt den Anmeldenamen im NTLM-Format (*Domäne\Benutzer*), den User Principal Name (**/upn**), den Benutzernamen samt vollqualifiziertem Domänennamen (**/fqdn**) oder die Anmeldekennung bzw. Logon SID (**/logonid**) an.

```
whoami [[/user] [/groups] [/priv]] | [/all] [/fo table | list |
    csv] [/nh]
```

Zeigt alle (**/all**) oder Teile der Informationen des Access Tokens an: **/user** zeigt NTLM-Anmeldename und SID, **/groups** alle Gruppenmit-

gliedschaften (auch verschachtelte und »spezielle« Gruppen) und **/priv**
die dem Konto zugeordneten Privilegien/Rechte samt deren Status
(aktiviert oder deaktiviert). Das Ausgabeformat kann mit **/fo** gewählt
werden. **/nh** unterdrückt die Ausgabe von Spaltenüberschriften.

Anmerkung: Hier ist die Vista-Version dieses Befehls beschrieben.

Active Directory

adprep W2k3

`adprep [/forestprep | /domainprep]`

Bereitet einen Windows 2000-Wald bzw. eine Windows 2000-Domäne
auf das Upgrade auf Windows Server 2003 vor, indem u.a. das Schema
erweitert und die Standard-SDs bestimmter Objekte aktualisiert werden.

Zunächst muss die Option **/forestprep** auf dem Schema-Master ausgeführt werden. Nachdem die Änderungen auf alle DCs repliziert wurden,
wird **/domainprep** auf den Infrastruktur-Mastern jeder Domäne des
Waldes ausgeführt. Damit ist der Wald für das Update bereit, kann
jedoch problemlos unbegrenzte Zeit weiter unter Windows 2000 laufen.

csvde, ldifde W2kRK, W2k3

`csvde [Optionen]`
`    ldifde [Optionen]`

Importiert bzw. exportiert Daten in das bzw. aus dem Active Directory
mittels einer LDIF- (**ldifde**) oder CSV-Datei (**csvde**).

Optionen

-b *Benutzer Domäne Passwort*
    Gibt den Benutzerkontext für den Befehl an.

-i
    Führt eine Import-Operation durch (Standard: Export).

-f *Datei*
    Gibt den Namen der Import- bzw. Exportdatei an.

-s *Server*
    Gibt den zu verwendenden Domänencontroller an (Standard:
    Anmelde-DC).

-t *Port*

Gibt den Port an (Standard: 389).

-d *Stamm-DN*

Gibt den Distinguished Name (DN) des Ausgangspunktes der Export-Operation an.

-p *Bereich*

Definiert den Bereich der Export-Operation: **onelevel**, **base** oder **subtree** (Standardwert).

-r *Filter*

Setzt zur Auswahl der Exportdaten einen Filter im LDAP-Format (siehe »LDAP-Suchfilter«).

-l *Attributliste*

Gibt eine durch Kommata getrennte Liste von Attributen an, die exportiert werden.

-o *Attributliste*

Gibt eine durch Kommata getrennte Liste von Attributen an, die nicht exportiert werden.

-m

Schließt Active Directory-spezifische Attribute vom Export aus.

-n

Schließt binäre Werte vom Export aus.

-c *Alt Neu*

Wandelt Daten um. Alle gefundenen Einträge zu *Alt* werden mit *Neu* ersetzt. Zum Beispiel können der Domänenname oder andere globale Daten in allen Datensätzen geändert werden.

-v

Generiert eine ausführliche Befehlsausgabe.

-j *Pfad*

Gibt den Pfad der Protokolldatei an.

-g

Deaktiviert die seitenweise Suche.

-k

Ignoriert Fehler beim Import.

-y

Verwendet »Lazy Commit« beim Import zur Erhöhung der Leistung.

dcdiag /s:_Domänencontroller_ [_Optionen_]

Testet wesentliche Aspekte der Funktionalität eines Domänencontrollers. Dazu gehören u.a. Netzwerk-Konnektivität, DNS-Registrierung, Replikationstopologie und FSMO-Rollen.

Optionen

/u:_Domäne\Benutzer_ **/p:**_Passwort_ | *

Definiert einen Benutzernamen mit Passwort zur Authentifizierung. Anstelle des Passworts kann ein Sternchen (*) angegeben werden, um an der Eingabeaufforderung nach dem Passwort gefragt zu werden.

/test:_Liste_ | **/skip:**_Liste_ [**/C**]

Gibt an, welche Tests durchgeführt werden sollen. **/test** gibt eine Liste von durchzuführenden Tests an, und **/skip** gibt eine Liste von zu überspringenden Tests an (alle anderen werden durchgeführt). In beiden Fällen gibt **/c** an, dass der Test um weitere optionale Tests erweitert werden soll. In der Hilfe des Befehls finden Sie eine komplette Übersicht der Tests.

/a | **/e**

Testet alle Server des Standorts (**/a**) bzw. alle Server im gesamten Netzwerk (**/e**).

/q | **/v** [**/i**]

Der Befehl wird im stillen (**/q**) bzw. ausführlichen Ausgabemodus (**/v**) ausgeführt. **/i** ignoriert überflüssige Fehlermeldungen.

/f:_Datei1_ **/ferr:**_Datei2_

Gibt eine Ausgabedatei (**/f**) und eine Datei für die Fehlerausgabe (**/ferr**) an. Falls beide Optionen verwendet werden, müssen die Dateinamen unterschiedlich sein.

dcgpofix

W2k3

dcgpofix

Stellt die Standard-Domänen-Gruppenrichtlinienobjekte (Domänen- und/oder Domänencontroller-GPO) wieder her.

Optionen

/ignoreschema

Prüft nicht, ob die Schemaversion zur verwendeten Programmversion passt.

/target: domain | dc | both
>Wiederherzustellendes GPO: Domänen-GPO, Domänencontroller-GPO oder beide.

dsadd

dsadd *Optionen* [**-s** *DC* | **-d** *Domäne*] [**-u** *Benutzer*] [**-p** *Passwort* | ***]
[**-q**] [**-uc** | **-uco** | **-uci**]

Fügt dem Active Directory einen der folgenden Objekttypen hinzu: Benutzer, Computer, Gruppe, Kontakt, OU, Verzeichnis-Quota. Falls angegeben, wird anstelle der Anmeldedomäne ein bestimmter DC bzw. eine bestimmte Domäne mit ggf. angegebenen Anmeldeinformationen angesprochen. **-q** (Quiet Mode) unterdrückt jegliche Ausgabe. Für Eingabe (**-uci**), Ausgabe (**-uco**) oder beide (**-uc**) kann der UNICODE-Zeichensatz verwendet werden.

Optionen

computer *ComputerDN* [**-desc** *Beschreibung*] [**-memberof** *Gruppe1DN Gruppe2DN ...*]
>Erstellt das angegebene Computerobjekt und fügt es einer oder mehreren Gruppen hinzu.

contact *KontaktDN* [**-fn** *Vorname*] [**-ln** *Nachname*] [**-display** *Anzeigename*] [**-desc** *Beschreibung*]
>Erstellt den angegebenen Kontakt.

group *GruppenDN* [**-scope l** | **g** | **u**] [**-desc** *Beschreibung*] [**-memberof** *Gruppe1DN Gruppe2DN ...*] [**-members** *Gruppe1DN Gruppe2DN ...*]
>Erstellt das angegebene Gruppenobjekt samt Mitgliedschaften. Der Parameter **-scope** legt fest, ob eine lokale, globale oder universelle Gruppe angelegt wird.

ou *OUDN* [**-desc** *Beschreibung*]
>Erstellt eine Organisationseinheit.

user *BenutzerDN* [**-fn** *Vorname*] [**-ln** *Nachname*] [**-display** *Anzeigename*] [**-desc** *Beschreibung*] [**-pwd** *Passwort* | ***] [**-memberof** *Gruppe1DN Gruppe2DN ...*]
>Erstellt den angegebenen Benutzer samt Gruppenmitgliedschaften. Falls ein Stern als Passwort angegeben wird, so wird dieses abgefragt.

quota -part *PartitionsDN* **-acct** *Konto* **-qlimit** *Limit* [**-rdn** *Name*]
>Erstellt ein Verzeichnis-Quota-Objekt, das die Anzahl der Objekte in einer Verzeichnispartition begrenzt, die ein bestimmtes Konto als

Besitzer haben. *Konto* kann ein Benutzer, eine Gruppe oder ein Computer sein und als DN oder in der Form Domäne\Anmeldename angegeben werden. *Limit* legt die Anzahl an Objekten fest, die das angegebene Konto besitzen darf (-1 steht für unbegrenzt). Der *Name* des zu erzeugenden Quota-Objektes wird, sofern nicht angegeben, auf Domäne_KontoName gesetzt.

Für detailliertere Informationen zu den äußerst umfangreichen Optionen dieses Befehls sei auf dessen Hilfe verwiesen.

dsastat   W2kST, W2k3ST

dsastat -s:DC1[:Port];DC2[:Port] Optionen

Vergleicht AD-Repliken. Die Optionen definieren den Typ und den Bereich des durchzuführenden Vergleichs. **-s** gibt die Domänencontroller an, zwischen denen verglichen werden soll. Als Port kann *3268* angegeben werden, um zwei globale Kataloge miteinander zu vergleichen.

Optionen

-b:*Stamm-DN*
> Beschränkt den Vergleich auf den Unterbaum ab dem angegebenen Objekt. Das Objekt wird mit seinem Distinguished Name angegeben.

-filter:*LDAP-Filter*
> Filtert zu vergleichende Objekte (siehe »LDAP-Suchfilter«).

-t:true | **false**
> Bei der Angabe von **false** werden die Objekte samt aller Attributwerte verglichen. Bei der Angabe von **true** (Standardeinstellung) wird nur die Anzahl der Objekte verglichen.

-sort:true | **false**
> Bei der Angabe von **true** werden die Objekte anhand ihrer GUID sortiert. Dies beschleunigt einen Vergleich auf der Basis des kompletten Inhalts. Die Standardeinstellung ist **false**.

-p:*Anzahl*
> Gibt an, wie viele Einträge auf ein Mal beim DC abgefragt werden. Der Standardwert ist 64. Bei Objekten mit vielen Attributen (z.B. Benutzerkonten) verringern Sie diesen Wert. Der gültige Bereich ist 1 bis 999.

-loglevel:info | **trace** | **debug**
> Definiert den Umfang der Ausgabe. Die Standardeinstellung ist **info**.

-output:screen | file | both

Schickt die Ausgabe des Vergleichs entweder auf den Bildschirm oder in eine Datei (dsastat.log.*nnnn*) oder beides. Die Standardeinstellung ist **screen**.

[-u:*Benutzer* [**-p:***Passwort*]] [**-d:***Domäne*]

Definiert den Benutzerkontext zur Befehlsausführung.

dsget

dsget *Optionen* [**-s** *DC* | **-d** *Domäne*] [**-u** *Benutzer*] [**-p** *Passwort* | *]
   [**-q**] [**-l**] [**-uc** | **-uco** | **-uci**]

Fragt Objekteigenschaften im Active Directory ab. Falls angegeben, wird anstelle der Anmeldedomäne ein bestimmter DC bzw. eine bestimmte Domäne mit ggf. angegebenen Anmeldeinformationen angesprochen. **-q** (Quiet Mode) unterdrückt jegliche Ausgabe, **-l** erstellt die Ausgabe in Listen- statt in Tabellenform. Für Eingabe (**-uci**), Ausgabe (**-uco**) oder beide (**-uc**) kann der UNICODE-Zeichensatz verwendet werden.

Optionen

computer *ComputerDN* [**-dn**] [**-samid**] [**-sid**] [**-desc**] [**-memberof** [**-expand**]] [**-part** *PartitionsDN* [**-qlimit**] [**-qused**]]

Fragt Eigenschaften eines Computerkontos ab. **-expand** zeigt die Gruppenmitgliedschaften rekursiv inklusive aller Verschachtelungen an. **-qlimit** und **-qused** dienen zur Abfrage der Verzeichnis-Quota des Computers.

contact *KontaktDN* [**-fn**] [**-ln**] [**-display**] [**-desc**]

Fragt Eigenschaften eines Kontaktes ab.

group *GruppenDN* [**-dn**] [**-samid**] [**-sid**] [**-scope**] [**-desc**] [**-memberof** [**-expand**]] [**-members** [**-expand**]] [**-part** *PartitionsDN* [**-qlimit**] [**-qused**]]

Fragt Eigenschaften einer Gruppe ab.

ou *OUDN* [**-desc**]

Zeigt die Beschreibung einer Organisationseinheit an.

server *DCDN* [**-desc**] [**-dnsname**] [**-site**] [**-isgc**]

Fragt Eigenschaften eines Domänencontrollers ab: Beschreibung, DNS-Name, Standort, Globaler Katalog.

server *DCDN* **-topobjowner** *Anzahl*
> Zeigt eine Liste der *Anzahl* Konten im Verzeichnis, die Besitzer der meisten Objekte in allen Partitionen des DCs sind. Eine *Anzahl* von 0 zeigt alle Objektbesitzer an.

server *DCDN* **-part**
> Zeigt die DNs der Partitionen des DCs an.

user *BenutzerDN* [**-fn**] [**-ln**] [**-display**] [**-desc**] [**-memberof** [**-expand**]] [**-part** *PartitionsDN* [**-qlimit**] [**-qused**]]
> Fragt Eigenschaften eines Benutzerkontos ab.

subnet *SubnetDN* [**-desc**] [**-site**] [**-loc**]
> Zeigt Eigenschaften eines Subnetzes an.

site *SiteDN* [**-desc**] [**-autotopology**] [**-cachegroups**] [**-prefGCsite**]
> Zeigt Eigenschaften eines Standortes an: Automatic Intersite Topology Generator eingeschaltet (**-autotopology**), Caching der Mitglieder universeller Gruppen aktiviert (**-cachegroups**), Bevorzugter GC (**-prefGCsite**).

quota [**-acct**] [**-qlimit**]
> Zeigt Eigenschaften eines Quota-Objektes an.

partition *PartitionsDN* [**-qdefault**] [**-qtmbstnwt**] [**-topobjowner** *Anzahl*]
> Zeigt Eigenschaften einer Verzeichnispartition an: Standard-Verzeichnis-Quota (**-qdefault**), prozentuale Gewichtung von tombstoned-Objekten (**-qtmbstnwt**; Objekte, die als tombstoned markiert sind, werden nur zu diesem Anteil bei der Berechnung der Quota berücksichtigt), Besitzer der meisten Objekte (**-topobjowner**).

Für detailliertere Informationen zu den äußerst umfangreichen Optionen dieses Befehls sei auf dessen Hilfe verwiesen.

---

dsmod
W2k3, W2k3AP

dsmod *Optionen* [**-s** *DC* | **-d** *Domäne*] [**-u** *Benutzer*] [**-p** *Passwort* | ***] [**-q**] [**-uc** | **-uco** | **-uci**]

Modifiziert einen der folgenden Objekttypen im Active Directory: Benutzer, Computer, DC, Gruppe, Kontakt, OU, Partition, Verzeichnis-Quota. Falls angegeben, wird anstelle der Anmeldedomäne ein bestimmter DC bzw. eine bestimmte Domäne mit ggf. angegebenen Anmeldeinformationen angesprochen. **-q** (Quiet Mode) unterdrückt jegliche Ausgabe. Für Eingabe (**-uci**), Ausgabe (**-uco**) oder beide (**-uc**) kann der UNICODE-Zeichensatz verwendet werden.

Optionen

computer *ComputerDN* [**-desc** *Beschreibung*] [**-disabled yes** | **no**]
[**-reset**]

> Setzt die Beschreibung des Computerkontos, (de)aktiviert es oder setzt es zurück.

contact *KontaktDN* [**-fn** *Vorname*] [**-ln** *Nachname*] [**-display** *Anzeige-name*] [**-desc** *Beschreibung*]

> Modifiziert die angegebenen Eigenschaften des Kontaktes.

group *GruppenDN* [**-scope l** | **g** | **u**] [**-addmbr** | **-rmmbr** | **-chmbr** *Mitglied1DN Mitglied2DN ...*]

> Ermöglicht das Ändern des Gruppentyps (lokal nach global bzw. umgekehrt ist prinzipiell nicht möglich, bzw. nur über den Umweg über eine universelle Gruppe). Ferner können angegebene Mitglieder hinzugefügt (**-addmbr**), entfernt (**-rmmbr**) oder die existierenden Mitglieder vollständig durch die angegebenen neuen Mitglieder ersetzt werden (**-chmbr**).

ou *OUDN* [**-desc** *Beschreibung*]

> Lediglich die Beschreibung einer OU kann geändert werden.

server *DCDN* [**-desc** *Beschreibung*] [**-isgc yes** | **no**]

> Legt fest, ob ein DC Globaler Katalog ist oder nicht, und setzt die Beschreibung.

user *BenutzerDN* [**-fn** *Vorname*] [**-ln** *Nachname*] [**-display** *Anzeige-name*] [**-desc** *Beschreibung*] [**-pwd** *Passwort* | ***] [**-disabled yes** | **no**]

> Setzt neben diversen Eigenschaften eines Benutzers das Passwort und ermöglicht das (De-) Aktivieren des Kontos.

quota *QuotaDN* [**-qlimit** *Limit*] [**-desc** *Beschreibung*]

> Setzt Beschränkung (-1 für unbegrenzt) oder Beschreibung eines Verzeichnis-Quota-Objektes.

partition *PartitionsDN* [**-qdefault** *Limit*] [**-qtmbstnwt** *Prozent*]

> **-qdefault** setzt die Standard-Quota einer Verzeichnispartition, die für alle Benutzer/Gruppen gilt, für die nicht explizit Quoten definiert wurden. **-qtmbstnwt** legt fest, zu welchem Anteil Objekte, die als tombstoned gekennzeichnet sind, bei der Berechnung der Quota berücksichtigt werden. Wenn dieser Wert beispielsweise 50 Prozent beträgt, dann kann ein Benutzer bei einem Quota-Limit von 100 entweder 100 normale oder 200 tombstoned-Objekte besitzen.

Für detailliertere Informationen zu den äußerst umfangreichen Optionen dieses Befehls sei auf dessen Hilfe verwiesen.

dsmove

dsmove *Optionen* [**-s** *DC* | **-d** *Domäne*] [**-u** *Benutzer*] [**-p** *Passwort* | *]
   [**-q**] [**-uc** | **-uco** | **-uci**]

Verschiebt ein Objekt innerhalb einer Domäne und/oder benennt es um (Verschieben über Domänengrenzen hinweg ist mit **movetree** möglich). Falls angegeben, wird anstelle der Anmeldedomäne ein bestimmter DC bzw. eine bestimmte Domäne mit ggf. angegebenen Anmeldeinformationen angesprochen. **-q** (Quiet Mode) unterdrückt jegliche Ausgabe. Für Eingabe (**-uci**), Ausgabe (**-uco**) oder beide (**-uc**) kann der UNI-CODE-Zeichensatz verwendet werden.

Optionen

ObjektDN [**-newname** *NeuerRDN*] [**-newparent** *NeuerElternDN*]
   Ändert den Namen (RDN) des Objektes oder verschiebt es in der Verzeichnishierarchie. Beide Optionen können zusammen verwendet werden.

dsquery

dsquery *Optionen* [*StartObjekt* | **domainroot** | forestroot] [**-o dn** | **rdn** | **samid** | **upn**] [**-scope base** | **onelevel** | **subtree**] [**-limit** *Limit*] [**-gc**] [**-s** *DC* | **-d** *Domäne*] [**-u** *Benutzer*] [**-p** *Passwort* | *] [**-q**] [**-l**] [**-uc** | **-uco** | **-uci**]

Sucht nach Objekten im Active Directory, die den angegebenen Bedingungen entsprechen. Es wird ab einem angegebenen *StartObjekt* gesucht, in der ganzen Domäne (Standardwert) oder im ganzen Wald. **-o** legt fest, welches Attribut gefundener Objekte ausgegeben wird. Mit **-scope** wird die Suchtiefe festgelegt: nur das angegebene Objekt, eine Ebene darunter oder der ganze Baum (Standardwert). Die maximale Anzahl zurückzugebender Ergebnisse wird mit **-limit** begrenzt (0: alle Gefundenen; Standardwert: 100). Bei Angabe von **-gc** wird die Suche im Globalen Katalog durchgeführt. Falls angegeben, wird anstelle der Anmeldedomäne ein bestimmter DC bzw. eine bestimmte Domäne mit ggf. angegebenen Anmeldeinformationen angesprochen. **-q** (Quiet Mode) unterdrückt jegliche Ausgabe, **-l** erstellt die Ausgabe in Listen- statt in Tabellenform. Für Eingabe (**-uci**), Ausgabe (**-uco**) oder beide (**-uc**) kann der UNICODE-Zeichensatz verwendet werden.

Optionen

computer [**-name** *CN*] [**-samid** *sAMAccountName*] [**-inactive** *Wochen*] [**-stalepwd** *Tage*] [**-disabled**]

> Findet Computer anhand eines oder mehrerer der Kriterien: CN oder sAMAccountName (diese können ein Sternchen als Wildcard enthalten), Anzahl inaktiver Wochen, Anzahl der Tage, in denen das Passwort nicht geändert wurde, deaktiviertes Konto.

contact [**-name** *CN*] [**-desc** *Beschreibung*]

> Findet Kontakte anhand von CN und/oder Beschreibung (beide können ein Sternchen als Wildcard enthalten).

group [**-name** *CN*] [**-samid** *sAMAccountName*]

> Findet Gruppen anhand von CN und/oder sAMAccountName (beide können ein Sternchen als Wildcard enthalten).

ou [**-name** *CN*] [**-desc** *Beschreibung*]

> Findet OUs anhand von CN und/oder Beschreibung (beide können ein Sternchen als Wildcard enthalten).

server [**-forest**] [**-domain** *DNSDomänenName*] [**-site** *Standort*] [**-name** *CN*] [**-isgc**] [**-hasfsmos schema**| name | infr | **pdc** | **rid**]

> Findet Domänencontroller im ganzen Wald/der angegebenen Domäne/einem Standort anhand einer oder mehrerer der folgenden Eigenschaften: CN (kann Wildcards enthalten), Globaler Katalog, Halten einer FSMO-Rolle (für **infr**, **pdc** und **rid** wird die durch den Parameter **-domain** angegebene Domäne verwendet).

site [**-name** *CN*] [**-desc** *Beschreibung*]

> Findet Standorte anhand von CN und/oder Beschreibung (beide können ein Sternchen als Wildcard enthalten).

user [**-name** *CN*] [**-upn** *UPN*] [**-samid** *sAMAccountName*] [**-inactive** *Wochen*] [**-stalepwd** *Tage*] [**-disabled**]

> Findet Benutzer anhand eines oder mehrerer der Kriterien: CN, UPN oder SAMAccountName (diese können ein Sternchen als Wildcard enthalten), Anzahl Wochen ohne Logon, Anzahl der Tage, in denen das Passwort nicht geändert wurde, deaktiviertes Konto.

quota [**-acct** *Konto*] [**-qlimit** *Limit*] [**-desc** *Beschreibung*]

> Findet Quota-Objekte anhand des zugeordneten Kontos (als DN oder in der Form *Domäne\Benutzer*), des Limits oder der Beschreibung (Letztere kann ein Sternchen als Wildcard enthalten).

partition [**-part** *CN*]

> Findet Verzeichnispartitionen anhand ihres CN (kann ein Sternchen als Wildcard enthalten).

* [-**filter** *LDAP-Filter*] [-**attr** *Attributliste* | *]

Findet beliebige Objekte im Active Directory anhand von Kriterien, die in einem LDAP-Suchfilter (siehe »LDAP-Suchfilter«) definiert werden. Die in der *Attributliste* (Standardwert: DN) angegebenen Attribute jedes Objektes werden zurückgegeben. Ein Stern liefert alle gesetzten Attribute zurück.

Für detailliertere Informationen zu den äußerst umfangreichen Optionen dieses Befehls sei auf dessen Hilfe verwiesen.

---

dsrm

W2k3, W2k3AP

dsrm *ObjektDN* [-**subtree** [-**exclude**]] [-**noprompt**] [-**s** *DC* | -**d** *Domäne*]
[-**u** *Benutzer*] [-**p** *Passwort* | *] [-**q**] [-**uc** | -**uco** | -**uci**]

Löscht das angegebene Objekt im Active Directory. Falls das Objekt Kindobjekte enthält, löscht **-subtree** den ganzen Baum. In Kombination mit **-exclude** werden nur die Kindobjekte gelöscht. Die Option **-noprompt** unterdrückt die Aufforderung zur Bestätigung jedes Objektlöschvorgangs. Falls angegeben, wird anstelle der Anmeldedomäne ein bestimmter DC bzw. eine bestimmte Domäne mit ggf. angegebenen Anmeldeinformationen angesprochen. **-q** (Quiet Mode) unterdrückt jegliche Ausgabe, **-l** erstellt die Ausgabe in Listen- statt in Tabellenform. Für Eingabe (**-uci**), Ausgabe (**-uco**) oder beide (**-uc**) kann der UNICODE-Zeichensatz verwendet werden.

---

dumpfsmos.cmd

W2kRK, W2k3RK

dumpfsmos *Domänencontroller*

Zeigt die dem angegebenen *Domänencontroller* bekannten FSMO-Rolleninhaber an.

---

gpotool

W2kRK, W2k3RK

gpotool [/**domain:***Domäne*] [/**dc:***Liste*] [*Optionen*]

Validiert Gruppenrichtlinienobjekte (GPOs).

Optionen

/**gpo:***Liste*

Beschränkt die Validierung auf die mittels Komma getrennten GPOs. Diese werden entweder anhand ihrer GUID oder ihres Namens angegeben.

/checkacl
Überprüft zusätzlich die Berechtigungen im SYSVOL.

gpresult W2kRK, XP, W2k3, Vista

gpresult [**/s** *System* [**/u** *Benutzer* [**/p** *Passwort*]]] [**/user** *Zielbenut-zer*] [*Optionen*]

Zeigt die effektiven Gruppenrichtlinieneinstellungen (RSOP - Resultant Set Of Policies) für den aktuellen oder den angegebenen *Zielbenutzer* und/oder für das lokale oder angegebene System an. Die Verbindung zu *System* kann unter Verwendung von *Benutzer* und *Passwort* hergestellt werden.

Optionen

/v | **/z**
Erzeugt eine ausführliche (**/v**) oder sehr ausführliche (**/z**) Ausgabe. Die ausführliche Ausgabe wird empfohlen.

/scope user | **computer**
Beschränkt die Ausgabe auf Benutzer- oder Computereinstellungen.

gpupdate XP, W2k3, Vista

gpupdate [**/target:computer** | **user**] [**/force**]

Aktualisiert die Gruppenrichtlinien auf dem lokalen System. Optional lässt sich die Aktualisierung auf den Computer- oder Benutzerteil der Richtlinien mit **/target** beschränken. **/force** erzwingt auch die Aktualisierung unveränderter Einstellungen.

guid2obj W2kRK

guid2obj *GUID* [**/server:***Server* | **/site:***Standort*]

Zeigt den Distinguished Name (DN) des Active Directory-Objektes mit der angegebenen GUID an. Die Optionen werden dazu verwendet, einen speziellen Server oder Standort abzufragen. Die Standardeinstellung ist die Abfrage des nächsten Globalen Katalogs.

klist W2kRK, W2k3RK

klist tickets | **tgt** | **purge**

Zeigt Kerberos-Ticketinformationen an (aktuelles Ticket oder das ticketgenehmigende Ticket) oder löscht alle zwischengespeicherten Tickets.

ksetup

ksetup *Optionen*

Konfiguriert einen Windows-Computer zur Verwendung eines MIT-Kerberos-Servers zur Benutzerauthentifizierung anstelle einer Active Directory-Domäne.

Optionen

[**/Domain** *Domäne*] [**/Server** *Server*]
Gibt die passende Domäne und/oder den Server zur Durchführung des Befehls an.

/SetRealm *DNS-Domäne*
Gibt den gewünschten Kerberos-Bereich an.

/MapUser *KName Name*
Verbindet den angegebenen Kerberos-Namen mit einem lokalen Namen.

/AddKDC | **/DelKDC** *Bereich KDCName*
Fügt eine KDC-Adresse des angegebenen Bereichs hinzu oder löscht diese.

/AddKPasswd | **/DelKPasswd** *Bereich Server*
Fügt einen Kerberos-Passwort-Server hinzu oder löscht diesen.

/ChangePassword *Alt Neu*
Ändert das Passwort des Anwenders via **Kpasswd**. Benötigt **/Domain**.

/SetComputerPassword *Passwort*
Setzt das Passwort für den lokalen Computer.

ktpass

ktpass /Out *Datei* **/Princ** *Benutzer* **/Pass** *Pass* | * ^
   /MapUser [**/Crypto DES-CBC-MD5**]

Generiert eine Kerberos-Schlüsseldatei für MIT-Kerberos-Interoperabilität (kann mit einer bestehenden Datei /etc/krb5.keytab auf Unix-Systemen zusammengeführt werden). Der Hauptzweck dieses Befehls ist das Erstellen von Kontozuordnungen für Unix-basierte Kerberos-Dienste, um Active Directory-basierte KDCs (Schlüsselverteilungscenter) zu nutzen.

Die Optionen definieren den Namen der Ausgabedatei sowie den Kerberos-Namen mit Passwort. Verwenden Sie anstelle eines Passworts ein Sternchen (*), um das Passwort an der Eingabeaufforderung einzugeben. **/MapUser** erstellt die Zuordnung des Kerberos-Namens zum lokalen Konto. Dabei wird das Benutzerkonto mit dem dazugehörigen Unix-Dienst verbunden, der dem Kerberos-Namen entspricht. Die Option **/Crypto** ändert das Verschlüsselungsschema von CRC auf MD5.

movetree

movetree */Aktion* **/s** *Quell-Server* **/sdn** *Quell-DN* **/d** *Ziel-Server* ^
    /ddn *Ziel-DN*

Verschiebt eine Objektstruktur (eine Organisationseinheit mit darunter liegenden Objekten) des Active Directory zwischen zwei Domänen der gleichen Active Directory-Struktur (Forest). Die Server werden mit ihren voll qualifizierten Domänennamen (FQDN) angegeben.

Aktion kann sein: **/Check** (um die bevorstehende Verschiebung zunächst zu überprüfen), **/Start** (startet die Verschiebung nach einer vorherigen Überprüfungsaktion), **/StartNoCheck** (startet die Verschiebung ohne vorherige Überprüfung) oder **/Continue** (nimmt eine fehlgeschlagene Verschiebungsaktion wieder auf).

Optionen

/Verbose
    Erzeugt eine ausführliche Befehlsausgabe.

/u [*Domäne*]*Benutzer* **/p** *Passwort*
    Definiert den Benutzerkontext.

net accounts

net accounts /sync

Erzwingt die Aktualisierung der Benutzerkonten-Datenbank.

net accounts *Optionen* [**/domain**]

Verändert die Passwortrichtlinie des lokalen Systems oder der Domäne.

Optionen

/minpwlen:*n*
    Setzt den Minimalwert der Passwortlänge auf *n* Zeichen. Der Standardwert ist 0, und der Wert kann zwischen 0 und 14 liegen.

/maxpwage:*n*

Stellt das Passwortalter auf maximal *n* Tage ein. Der Standardwert ist 42, und der Wert kann zwischen 1 und 49.710 liegen. Wenn **unlimited** statt *n* angegeben wurde, wird auf Grund des Alters keine Passwortänderung erzwungen.

/minpwage:*n*

Stellt das Intervall zwischen Passwortänderungen ein. Der Standardwert ist 0, und der Wert kann zwischen 0 und 49.710 liegen.

/uniquepq:*n*

Es werden *n* bereits genutzte Passwörter gespeichert. Der Standardwert ist 0, und der Wert kann zwischen 0 und 24 liegen.

/forcelogoff:*Minuten* | no

Zwingt den Benutzer nach *Minuten* zur Abmeldung, nachdem die erlaubte Anmeldezeit überschritten ist. **no** ist der Standardwert und deaktiviert das erzwungene Abmelden.

---

netdom
NT4RK, W2kST, XPST, W2k3ST

netdom *Aktion* [*Optionen*]

Verwaltet Domänen und Vertrauensstellungen.

Optionen

/d:*Domäne* [**/ud:**[*Domäne*]*Benutzer* **/pd:***Passwort* | *]

Gibt die zu verwaltende Domäne an. Optional kann der Benutzerkontext mit Passwort zur Authentifizierung angegeben werden (* fordert zur Eingabe des Passworts an der Eingabeaufforderung auf).

/uo:[*Domäne*]*Benutzer* **/po:***Passwort* | *

Gibt einen Benutzernamen und ein Passwort zur Authentifizierung am zu bearbeitenden Computer an (* fordert zur Eingabe des Passworts an der Eingabeaufforderung auf).

/s:*Domänencontroller*

Führt *Aktion* auf dem angegebenen Domänencontroller durch.

/v

Erzeugt eine ausführliche Ausgabe.

Verfügbare Operationen

netdom join *Computer* **/d:***Domäne* [**/ou:***OU-DN*] [**/reb:**[*s*]]

Fügt *Computer* der angegebenen Organisationseinheit in *Domäne* hinzu und erstellt das Computerkonto, falls es noch nicht existiert.

/reb veranlasst einen Neustart des Computers nach *s* Sekunden (Standard: 20).

Das Schlüsselwort **add** kann anstelle von **join** verwendet werden, um das Computerkonto in der Domäne zu erstellen, ohne *Computer* der Domäne hinzuzufügen. Die Option **/dc** kann verwendet werden, um ein Computerkonto für einen Domänencontroller zu erstellen.

netdom move *Computer* **/d:***Domäne* [**/ou:***OU-DN*] [**/reb:**[*s*]]
Verschiebt *Computer* in die angegebene Organisationseinheit in *Domäne*. **/reb** veranlasst einen Neustart des Computers nach *s* Sekunden (Standard: 20).

netdom rename *Computer* **/d:***Domäne* [**/reb:**[*s*]]
Fügt einen NT4-BDC (wieder) einer umbenannten NT4-Domäne hinzu.

netdom renamecomputer *Computer* **/NewName:***NeuerName* [**/force**] [**/reb:**[*s*]]
Benennt einen Computer sowohl lokal als auch in der Domäne um. Es werden sowohl NetBIOS- als auch DNS-Hostname geändert. Mit der Option **/ud** muss ein Benutzername zur Authentifikation an der Domäne angegeben werden. **/force** unterbindet die Aufforderung zur Bestätigung durch den angemeldeten Benutzer.

netdom remove *Computer* **/d:***Domäne* [**/reb:**[*s*]]
Entfernt einen Member-Computer (keinen Domänencontroller) aus einer Domäne.

netdom verify | **reset** *Computer* **/d:***Domäne* [**/reb:**[*s*]]
Verifiziert die sichere Verbindung zwischen einem Domänenmitglied und einem Domänencontroller (**verify**) oder setzt diese zurück (**reset**).

netdom query *Eintrag* **/d:***Domäne* [**/verify**] [**/reset**]
Fragt Informationen von der angegebenen Domäne ab. *Eintrag* ist eines der folgenden Schlüsselwörter: **workstation**, **server**, **dc**, **ou**, **trust** (zeigt eine Liste der Objekte des Typs Trust an), **pdc** (zeigt den PDC an) oder **fsmo** (zeigt die FSMO-Rollen an). **trust** akzeptiert die Option **/direct**. Damit werden nur die direkt erstellten Vertrauensstellungen angezeigt und nicht die einbegriffenen.

/verify verifiziert die Funktion des sicheren Kanals, der für Vertrauensstellungen verwendet wird. **/reset** wird diese Verbindung neu synchronisieren.

netdom trust *Vertrauende-Domäne* **/d:***Vertraute-Domäne* [*Option*]

Verwaltet Vertrauensstellungen. *Option* gibt die durchzuführende Aktion an. Die möglichen Aktionen sind nahezu selbsterklärend: **/add** (hinzufügen), **/remove** (entfernen), **/force** (erzwingen) ist optional bei /remove und entfernt *gewaltsam* bzw. erzwingt das Entfernen, **/verify** (überprüfen) und **/two-way**. Vertrauensstellungen können auch mit einer nicht auf Windows basierenden Kerberos-Domäne aufgebaut werden. Dazu verwenden Sie folgende Optionen: **/add** (hinzufügen), **/realm** (Bereich), **/passwordt:***pwd* (Passwort für eine neue Vertrauensstellung) und **/transitive** (für Nicht-Windows-Domänen standardmäßig deaktiviert). Die Option **/kerberos** kann mit der Option **/verify** verbunden werden, um den Befehl auf Nicht-Windows-Domänen auszuführen.

ntdsutil

`ntdsutil`

Ermöglicht besondere Wartungsaufgaben am Active Directory, u.a. Authoritative Restore und einen gewaltsamen Transfer von FSMO-Rollen (wenn ein Rolleninhaber nicht mehr startet). Auf Grund der potenziell gravierenden Folgen solcher Aktionen wird auf eine Kurzbeschreibung im Rahmen dieses Büchleins verzichtet.

nltest

`nltest` [*Optionen*]

Ermöglicht die Abfrage umfangreicher Informationen zur Domänenkonfiguration, von denen hier nur die wichtigsten beschrieben sind. Weitere Informationen erhalten Sie in der Hilfe zum Befehl.

Optionen

/server:*Computer*
Fragt den angegebenen Computer ab.

/dclist:*Domäne*
Ermittelt die Domänencontroller von *Domäne*.

/dcname:*Domäne*
Ermittelt den PDC(-Master) von *Domäne*.

/dsgetdc:*Domäne* [*Optionen*]
Ermittelt diejenigen Domänencontroller von *Domäne*, welche die in *Optionen* angegebenen Eigenschaften aufweisen. Es können ange-

geben werden: **/pdc** (PDC-Master), **/ds** (versucht einen DC mit Windows 2000 oder höher zu finden), **/dsp** (gibt nur DCs mit Windows 2000 oder höher zurück), **/gc** (Globaler Katalog), **/kdc** (KDC-Dienst muss laufen), **/timeserv** (Zeitserver), **/gtimeserv** (zuverlässiger Zeitserver), **/netbios** (*Domäne* ist ein NetBIOS-Name), **/dns** (*Domäne* ist ein DNS-Name), **/ip** (IP-Adresse wird ermittelt), **/force** (ermittelt alle Daten neu, Cache wird ignoriert), **/writable** (muss beschreibbar sein; gibt keine NT4-BDCs zurück), **/avoidself** (der DC, auf dem **nltest** ausgeführt wird, wird nicht zurückgegeben), **/ldaponly** (zurückgegebene Server müssen nicht zwingend DCs, sondern nur LDAP-Server sein), **/backg** (zeigt nur gecachte Daten an), **/site**:*SiteName* (sucht bevorzugt in *SiteName*), **/ret_dns** (es werden DNS-Namen zurückgegeben), **/ret_netbios** (es werden NetBIOS-Namen zurückgegeben)

/dcsgetsite
Ermittelt den Standort des abgefragten Computers.

/dcsgetsitecov
Gibt die Standorte zurück, die der angegebene Computer (muss ein DC sein) abdeckt.

/parentdomain
Ermittelt den Namen der übergeordneten Domäne.

/dsregdns
Registriert alle DC-spezifischen DNS-Einträge. Muss auf dem zu registrierenden DC ausgeführt werden. Mit der Option **/server** muss ein DNS-Server angegeben werden.

/dsderegdns:*FQDN-DC-Name*
De-registriert DC-spezifische DNS-Einträge des vollqualifiziert angegebenen DCs. Mit der Option **/server** muss ein DNS-Server angegeben werden.

---

search.vbs

[`cscript`] `search.vbs` `LDAP://`*Stamm-DN* [*Optionen*]

Durchsucht das Active Directory anhand der angegebenen Kriterien ausgehend vom angegebenen Distinguished Name *Stamm-DN* (beispielsweise dc=domain,dc=com). **cscript** muss nicht eingegeben werden, wenn cscript die WSH-Standardeinstellung ist.

Optionen

/c:*Suchfilter*
> Definiert einen LDAP-Suchfilter (siehe »LDAP-Suchfilter«).

/S:*Bereich*
> Gibt die Suchtiefe an: **base**, **onelevel** (Standardeinstellung) oder **subtree**.

/P:*Eigenschaft-zur-Anzeige*
> Zeigt die angegebenen Objekteigenschaften an. Der Standard ist **AdsPath** (Pfad zum Objekt im Active Directory).

/U:*Benutzer* **/P:***Passwort*
> Gibt einen Benutzer mit Passwort zur Authentifizierung an.

---

secedit

Dient zur Erstellung und Anwendung von Sicherheitsvorlagen, mit denen sich die Sicherheitseinstellungen eines Computers konfigurieren lassen.

secedit /export [**/db** *Datenbankdatei*] **/cfg** *Vorlagendatei* [**/areas**
   bereich1 [*bereich2*] [*...*]] [**/mergedpolicy**] [**/log** *Logdatei*]

Exportiert die Sicherheitseinstellungen aus *Datenbankdatei* oder die lokalen Systemeinstellungen nach *Vorlagendatei*. Wenn **/mergedpolicy** angegeben wurde, werden die effektiven Einstellungen (Domäne plus Lokal) exportiert, ansonsten nur die lokalen Einstellungen. Dabei kann die Ausgabe mit **/areas** auf bestimmte Bereiche beschränkt werden.

secedit /import /db *Datenbankdatei* **/cfg** *Vorlagendatei* [**/areas**
   bereich1 [*bereich2*] [*...*]] [**/overwrite**] [**/log** *Logdatei*] [**/quiet**]

Importiert die Sicherheitseinstellungen aus *Vorlagendatei* in *Datenbankdatei*, die bei Angabe von **/overwrite** vorher geleert wird. Mit **/areas** kann der Import auf bestimmte Bereiche beschränkt werden.

secedit /configure /db *Datenbankdatei* [**/cfg** *Vorlagendatei*] [**/areas**
   bereich1 [*bereich2*] [*...*]] [**/overwrite**] [**/log** *Logdatei*] [**/quiet**]

Importiert, falls angegeben, die Sicherheitseinstellungen aus *Vorlagendatei* in *Datenbankdatei*, die bei Angabe von **/overwrite** vorher geleert wird. Die resultierenden Sicherheitseinstellungen werden anschließend angewendet. Mit **/areas** kann der Import auf bestimmte Bereiche beschränkt werden.

```
secedit /generaterollback /cfg Vorlagendatei /rbk Rollbackvorlage
    [/log Logdatei] [/quiet]
```

Erstellt eine *Rollbackvorlage*, die zum Rückgängigmachen der in *Vorlagendatei* enthaltenen Einstellungen verwendet werden kann.

```
secedit /analyze /db Datenbankdatei [/cfg Vorlagendatei]
    [/overwrite] [/log Logdatei] [/quiet]
```

Vergleicht die aktuellen Sicherheitseinstellungen mit denen einer Datenbankdatei, in die ggf. vor dem Vergleich die *Vorlagendatei* importiert wird. Die Ergebnisse werden in einen gesonderten Bereich der Datenbank geschrieben und können mit dem MMC-Snap-In »Sicherheitskonfiguration und -analyse« eingesehen werden.

```
secedit /validate Vorlagendatei
```

Überprüft die Syntax der *Vorlagendatei*.

Optionen

/db *Datenbankdatei*
Gibt eine Datenbankdatei (Endung: SDB) für die Operation an. Die Datei wird erstellt, falls die Datei beim Import noch nicht existiert.

/cfg *Vorlagendatei*
Gibt eine Vorlagendatei (Endung: INF) für die Operation an.

/areas *Bereich1* [*Bereich2*] ...
Beschränkt die Operation auf einen oder mehrere der folgenden Bereiche: **securitypolicy** (Kontorichtlinien, Überwachungsrichtlinien, Ereignisprotokolleinstellungen und Sicherheitsoptionen), **group_mgmt** (Eingeschränkte Gruppen), **user_rights** (Benutzerrechte und Privilegien), **regkeys** (Berechtigungen in der Registrierung), **filestore** (Berechtigungen im Dateisystem), **services** (Einstellungen für Systemdienste).

/log *Protokolldatei*
Schreibt das Protokoll der Operation in *Protokolldatei*. Falls **/log** nicht angegeben wurde, wird das Protokoll in *%SystemRoot%\security\logs\scesrv.log* gespeichert.

/quiet
Es erfolgen keine Sicherheitsabfragen zur Bestätigung.

Cluster

cluster

Verwaltet Microsoft Cluster. Der Befehl kann auf allen Windows-Versionen ab NT4 SP3 ausgeführt werden, um lokale oder entfernte Cluster zu administrieren. Wenn kein Clustername angegeben wird, so wird der lokale Cluster angesprochen, der auch durch einen Punkt referenziert werden kann.

```
cluster ClusterName /create /ipaddress:IP-Adresse,[SubnetzMaske,
    NetzwerkverbindungsName] /password:Passwort /user:Benutzer
    [/node:ErsterKnoten] [/verbose] [/unattended] [/minimum]
    [/wizard]
```

Erstellt einen Cluster mit dem angegebenen Namen. Benutzername und Passwort des Clusterdienstkontos müssen angegeben werden. Falls der erste Clusterknoten nicht angegeben wird, dann wird der lokale Computer zum ersten Knoten im Cluster gemacht. **/verbose** schreibt alle Nachrichten in das Cluster Log. **/unattended** dient zur Erzeugung eines Clusters in der GuiRunOnce-Phase einer unbeaufsichtigten Betriebssysteminstallation. Hierbei kann auf die Angabe eines Passwortes verzichtet werden. **/minimum** erstellt eine erweiterte Clusterkonfiguration, bei der der Installationsassistent (aufzurufen durch **/wizard**) nicht automatisch Clusterspeicher konfiguriert.

```
cluster ClusterName /addnodes:KnotenName1,KnotenName2 /password:
    Passwort [/verbose] [/unattended] [/minimum] [/wizard]
```

Fügt einen oder mehrere Knoten zum Cluster hinzu.

```
cluster [ClusterName] /rename:NeuerClusterName
```

Benennt einen Cluster um.

```
cluster /cluster:ClusterName1,ClusterName2 /changepassword:Neue-
    sPasswort,AltesPasswort [/skipdc] [/force] [/test] [/quiet]
    [/verbose] [/unattended]
```

Ändert das Passwort des Clusterdienstkontos eines oder mehrerer Cluster in der Domäne und auf allen Knoten. Bei Angabe von **/skipdc** wird das Passwort nur auf den Knoten, nicht in der Domäne geändert. **/force** erzwingt die Passwortänderung, auch wenn nicht alle Knoten online sind. **/test** prüft, ob alle Voraussetzungen für eine erfolgreiche Passwortänderung gegeben sind. **/quiet** unterdrückt die Ausgabe von Statusmeldungen, **/verbose** erzeugt sehr detaillierte Meldungen. **/unattended** unterdrückt die Aufforderung zur Eingabe nicht angegebener Passwörter.

cluster [*ClusterName*] **/version**

Zeigt die Version des Clusterdienstes an.

cluster [*ClusterName*] **/listnetpriority**

Zeigt die Reihenfolge (Priorität) der privaten und gemischten Netzwerke an.

cluster [*ClusterName*] **/setnetpriority:***NetzwerkName1,NetzwerkName2*

Setzt die Reihenfolge (Priorität) der Netzwerke.

cluster [*ClusterName*] **/quorum**[**:***RessourcenName*] [**/path:***Pfad*]
    [**/maxlogsize:***MaxLog*]

Ändert den Namen oder Pfad der Quorum-Ressource oder die maximale Größe der Log-Datei. Ohne Angabe von Optionen werden die aktuellen Einstellungen angezeigt.

cluster [*ClusterName*] **/regadminext:***AdminExtensionDLL1,Admin-*
    ExtensionDLL2

Registriert Administratorerweiterungen.

cluster [*ClusterName*] **/unregadminext:***AdminExtensionDLL1,Admin-*
    ExtensionDLL2

Deregistriert Administratorerweiterungen.

cluster /list[**:***Domäne*]

Zeigt die Cluster in der lokalen oder angegebenen Domäne an.

cluster /properties | **/privproperties**

Zeigt allgemeine und private Eigenschaften des Clusters an. Informationen zu den Eigenschaften und dazu, wie sie zu setzen sind, finden sich in der Windows-Hilfe.

cluster [*ClusterName*] **/setfailurereactions:***KnotenName1,KnotenName2*

Setzt die Einstellungen, welche Aktionen bei Dienstfehlern des Clusterdienstes durchgeführt werden, auf die Standardwerte zurück.

---

cluster node
W2k, W2k3, W2k3AP

cluster [*ClusterName*] **node** *KnotenName* [*Optionen*]

Verwaltet Clusterknoten.

Optionen

/status
    Zeigt den Knotenstatus an.

/forcecleanup [**/wait:**_Timeout_]

Versetzt die Konfiguration des Clusterdienstes in den Ursprungszustand. Falls kein Timeout angegeben wird, wartet der Befehl unbegrenzt auf die Ausführung des Kommandos.

/start | **/stop** [**/wait:**_Timeout_]

Startet bzw. beendet den Clusterdienst. Falls kein Timeout angegeben wird, wartet der Befehl unbegrenzt auf die Ausführung des Kommandos.

/pause | **/resume**

Pausiert bzw. setzt die Ausführung des Clusterdienstes fort.

/evict [**/wait:**_Timeout_]

Entfernt einen Knoten aus dem Cluster. Falls kein Timeout angegeben wird, wartet der Befehl unbegrenzt auf die Ausführung des Kommandos.

/listinterfaces

Zeigt die Netzwerkschnittstellen des Knotens an.

/properties | **/privproperties**

Zeigt allgemeine und private Eigenschaften des Knotens an. Weitere Informationen finden sich in der Windows-Hilfe.

cluster group W2k, W2k3, W2k3AP

cluster [_ClusterName_] **group** _GruppenName_ [_Optionen_]

Verwaltet (Ressourcen-)Gruppen.

Optionen

/status

Zeigt den Status der Gruppe an.

/node:_KnotenName_

Setzt den Besitzer der Gruppe.

/create | **/delete**

Erstellt bzw. löscht eine Gruppe.

/rename:_NeuerName_

Benennt die Gruppe um.

/moveto[**:**_KnotenName_] | **/online**[**:**_KnotenName_] **/offline**[**:**_KnotenName_] [**/wait:**_Timeout_]

Verschiebt die Gruppe bzw. schaltet sie on- oder offline. Wenn kein Knotenname angegeben wird, so wird automatisch ein passender Knoten ausgewählt. Falls kein Timeout angegeben wird, wartet der Befehl 10 (**on-/offline**) bzw. 20 (**moveto**) Sekunden auf die Ausführung des Kommandos.

/listowners
Zeigt die bevorzugten Besitzer an.

/setowners:*KnotenName1,KnotenName2*
Setzt die bevorzugten Besitzer.

/properties | **/privproperties**
Zeigt allgemeine und private Eigenschaften des Netzwerkes an. Weitere Informationen finden sich in der Windows-Hilfe.

---

cluster network
W2k, W2k3, W2k3AP

cluster [*ClusterName*] **network** *NetzwerkName* [*Optionen*]

Verwaltet Clusternetzwerke.

Optionen
/status
Zeigt den Status des Netzwerks an.

/rename:*NeuerName*
Benennt das Netzwerk um.

/listinterfaces
Zeigt die mit dem Netzwerk assoziierten Netzwerkschnittstellen an.

/properties | **/privproperties**
Zeigt allgemeine und private Eigenschaften der Netzwerkschnittstelle an. Weitere Informationen finden sich in der Windows-Hilfe.

---

cluster netinterface
W2k, W2k3, W2k3AP

cluster [*ClusterName*] **netinterface** **/node:***KnotenName* **/network:***NetzwerkName* [*Optionen*]

Verwaltet Netzwerkschnittstellen (Netzwerkkarten).

Optionen
/status
Zeigt den Status der Netzwerkschnittstelle an.

/properties | **/privproperties**
Zeigt allgemeine und private Eigenschaften der Gruppe an. Weitere Informationen finden sich in der Windows-Hilfe.

```
cluster [ClusterName] resource RessourcenName [Optionen]
```

Verwaltet Ressourcen.

Optionen

/status

Zeigt den Status der Ressource an.

/create /group: GruppenName **/type:**Ressourcentyp [**/separate**]

Erstellt eine Ressource des angegebenen Typs in der angegebenen Gruppe. Optional wird die Ressource in einem eigenen Ressourcenmonitor ausgeführt.

/delete

Löscht eine Ressource.

/rename: NeuerName

Benennt die Ressource um.

/addowner: KnotenName

Fügt einen Knoten zur Liste der möglichen Besitzer hinzu.

/removeowner: KnotenName

Entfernt einen Knoten von der Liste der möglichen Besitzer.

/listowners

Zeigt die Liste der möglichen Besitzer an.

/moveto: GruppenName

Verschiebt die Ressource in die angegebene Gruppe.

/fail

Initiiert einen Ressourcenfehler.

/online | **/offline** [**/wait:**Timeout]

Schaltet die Ressource on- oder offline. Falls kein Timeout angegeben wird, wartet der Befehl 10 Sekunden auf die Ausführung des Kommandos.

/listdependencies

Zeigt die Abhängigkeiten der Ressource an.

/adddependency: RessourcenName

Macht die Ressource von einer weiteren Ressource abhängig.

/removedependency: RessourcenName

Entfernt die Abhängigkeit von einer weiteren Ressource.

/properties | /privproperties

Zeigt allgemeine und private Eigenschaften der Ressource an. Weitere Informationen finden sich in der Windows-Hilfe.

cluster resourcetype

W2k, W2k3, W2k3AP

cluster [*ClusterName*] **resourcetype** *RessourcenTyp* [*Optionen*]

Verwaltet Ressourcentypen, die mit ihren Anzeigenamen angegeben werden.

Optionen

/list

Zeigt die installierten Ressourcentypen an.

/listowners

Zeigt eine Liste der bevorzugten Besitzer an.

/create /dllname:*DLLName* [**/type:***TypName*] [**/isalive:***Intervall*]
[**/looksalive:***Intervall*]

Erstellt einen neuen Ressourcentyp. *Intervall* wird in Millisekunden angegeben.

/delete [**/type**]

Löscht einen Ressourcentyp. Falls die Ressourcen-DLL nicht mehr vorhanden ist, muss **/type** angegeben werden. In diesem Fall wird der Ressourcentyp durch seinen Typnamen anstelle des Anzeigenamens spezifiziert.

/properties | /privproperties

Zeigt allgemeine und private Eigenschaften des Ressourcentyps an. Weitere Informationen finden sich in der Windows-Hilfe.

nlb

W2k3

Verwaltet Network Load Balancing Cluster. Dieser Befehl ist nur verfügbar, nachdem NLB installiert wurde. Zur Administration entfernter Rechner muss dort zunächst Remote Control aktiviert werden, was jedoch sicherheitstechnisch problematisch ist.

nlb [**suspend** | **resume** | **start** | **stop** | **drainstop** | **query**]
[*Cluster*[*:Host*] | **all** [**local** | **global**]]

Führt einen Befehl für einen Cluster (auf einem angegebenen Rechner), alle Cluster des lokalen Computers oder alle globalen Computer aus, die Teil des Clusters sind. **suspend** und **resume** pausieren einen Cluster und reaktivieren ihn. **start**/**stop** starten bzw. stoppen den Cluster. **drainstop** veranlasst den Cluster, keine neuen Verbindungen mehr anzunehmen, aber bestehende Verbindungen abzuarbeiten. **query** fragt den Status des Clusters ab.

nlb [**enable** | **disable** | **drain**] [*VIP*[:*Port* | :*all*] | **all** [:*Port* | :*all*]] [*Cluster*[:*Host*] | **all** [**local** | **global**]]

Aktiviert, deaktiviert oder lässt eine Regel auslaufen (keine neuen Verbindungen), deren Port-Bereich den angegebenen Port enthält. Der erste Satz optionaler Parameter spezifiziert alle oder bestimmte virtuelle IPs. Der optionale Parametersatz findet sich identisch im übergeordneten Abschnitt.

nlb queryport [*VIP*:] *Port* [*Cluster*[:*Host*] | **all** [**local** | **global**]]

Zeigt Informationen über eine Port-Regel an.

nlb [**reload** | **display** | **params**] [*Cluster* | **all**

Lädt Clusterparameter aus der Registrierung (**reload**), zeigt ausführliche Informationen zu NLB-Parametern und Clusterstatus an (**display**) oder zeigt die aktuelle NLB-Konfiguration an, abgefragt vom Kernel-Treiber (**params**).

Terminaldienste

change logon

change logon /enable | **/disable** | **/query**

(De-) Aktiviert die Anmeldung von Client-Sitzungen bzw. fragt den aktuellen Status ab.

change port

Konfiguriert die Zuordnung (Mapping) serieller Ports.

change port *Port1=Port2*

Ordnet *Port1* *Port2* zu.

change port /d *Port1*

Löscht eine Zuordnung.

change port /query

Zeigt aktuelle Zuordnungen an.

change user

change user /execute | /install | /query

Schaltet die Terminaldienste in den Ausführungs- bzw. Installations-
modus oder zeigt den aktuellen Modus an.

cprofile

cprofile [/l] [/i] [/v] [*Dateiliste*]

Bereinigt Benutzerprofile, indem ungenutzter Speicherplatz freigegeben
und ungenutzte benutzerspezifische Dateitypzuordnungen aus der Registrierung entfernt werden. **/l** bereinigt alle lokalen Profile. Zusätzlich
oder alternativ kann eine durch Leerzeichen getrennte Dateiliste angegeben werden. **/i** fragt vor der Verarbeitung jedes einzelnen Profils nach,
und **/v** zeigt ausführliche Informationen an.

flattemp

flattemp /enable | /disable | /query

Beeinflusst, wie benutzerspezifische temporäre Verzeichnisse angelegt
werden: Falls **flattemp** deaktiviert ist, wird pro Benutzer ein eigenes
Unterverzeichnis, benannt nach seiner Logon-ID, im TEMP-Verzeichnis
angelegt. Aktivieren von **flattemp** schaltet das Erzeugen dieser Unterverzeichnisse ab.

logoff

logoff [*Sitzungsname* | *Sitzungskennung*] [/server:*servername*] [/v]

Beendet eine Benutzersitzung lokal oder auf dem angegebenen Server
ohne weitere Rückfrage. Die zu beendende Sitzung kann durch ihren
Namen oder ihre Kennung identifiziert werden. Beide Informationen lassen sich über die Terminal-Diensteverwaltung ermitteln. Die Sitzungskennung kann auch im Task-Manager angezeigt werden: **Ansicht→**
Spalten auswählen→Sitzungskennung. Ohne Angabe von Name oder
Kennung wird der aktuelle Benutzer abgemeldet.

Die Syntax dieses Befehls unterscheidet sich zwischen den Windows-
Versionen. Hier ist jene von XP/Server 2003/Vista dokumentiert.

msg

msg [*BenutzerName* | *SitzungsID* | *SitzungsName* | *@DateiName* | ***]
   [**/server:***ServerName*] [**/time:***Timeout*] [**/v**] [**/w**] *Nachrichtentext*

Sendet eine Textnachricht an Benutzer des lokalen oder angegebenen
Servers. Eine Datei mit einer Liste von Benutzernamen, Sitzungs-IDs
oder Sitzungsnamen kann angegeben werden. Ein Stern als Adressat
steht für alle Benutzer des Servers. Falls kein *Timeout* angegeben wird,
bleibt die Nachricht auf dem Bildschirm des Adressaten, bis dieser auf
OK klickt. **/w** wartet auf eine Bestätigung durch den Benutzer. **/v** zeigt
ausführliche Informationen an.

mstsc

mstsc [*Verbindungsdatei* | **/v:***Servername*[:*Port*]] [**/console**] [**/f**]
   [**/w:***Breite* **/h:***Höhe*] [**/public**] [**/span**] [**/migrate**] [**/edit** *Verbin-*
   dungsdatei]

Stellt eine RDP-Verbindung zum angegebenen Server oder gemäß den
Einstellungen einer RDP-Verbindungsdatei her. **/console** verbindet zur
Konsolensitzung (nur möglich ab Windows Server 2003), **/f** schaltet in
den Vollbildmodus, **/w** und **/h** erlauben die Angabe der gewünschten
Auflösung.

Unter Windows Vista deaktiviert **/public** die Option zum Speichern des
Kennwortes (gedacht zur Nutzung auf öffentlich zugänglichen Maschi-
nen). Mit **/span** erstreckt sich das RDP-Fenster über mehrere Bild-
schirme. **/migrate** erstellt aus alten, mit dem Clientverbindungs-Mana-
ger erstellten Verbindungsdateien neue RDP-Dateien. **/edit** schließlich
öffnet vorhandene RDP-Dateien zur Bearbeitung mit der grafischen
Variante von **mstsc**.

query process

query process [*BenutzerName* | **/id:***SitzungsID* | *SitzungsName* |
   ProzessID | *Programm*.**exe** | ***] [**/server:***ServerName*]

Fragt Informationen über laufende Prozesse eines Benutzers oder einer
Sitzung auf *ServerName* ab.

query session

query session [*BenutzerName* | *SitzungsID* | *SitzungsName*] [**/server:**
   ServerName] [**/connect**] [**/counter**]

Zeigt Informationen zu einer bestimmten oder allen Sitzungen auf *ServerName* an. **/connect** zeigt die Verbindungseinstellungen, **/counter** verschiedene Zähler (Gesamtzahl an Sitzungen etc.) an.

query termserver NT4, W2k, W2k3, Vista

`query termserver` [*ServerName*] [**/domain:***DomänenName*] [**/address**] [**/continue**]

Zeigt Terminalserver im gesamten Netzwerk (ohne Parameter) oder in einer Domäne an. Bei Angabe eines Servernamens kann mit **/address** dessen Netzwerkadresse ermittelt werden. **/continue** schaltet das Warten auf eine Eingabe nach jeder Bildschirmseite ab.

query user NT4, W2k, W2k3, Vista

`query user` [*BenutzerName* | *SitzungsID* | *SitzungsName*] [**/server:** *ServerName*]

Zeigt alle an einem Server angemeldeten Benutzer oder folgende Informationen zu einem angegebenen Benutzer: Benutzername, Sitzungsname, Sitzungs-ID, Sitzungsstatus, Leerlaufzeit, Anmeldezeit.

register W2k, W2k3

`register` *EXEName* [**/system** | **/user**] [**/v**]

Registriert ein Programm als globale System- oder Benutzer-Ressource. **/v** zeigt ausführliche Informationen an.

reset session W2k, W2k3, Vista

`reset session` [*SitzungsID* | *SitzungsName*] [**/server:***ServerName*] [**/v**]

Zurücksetzen (Löschen) einer Sitzung. **/v** zeigt ausführliche Informationen an.

shadow W2k, W2k3, Vista

`shadow` *SitzungsID* | *SitzungsName* [**/server:***ServerName*] [**/v**]

Spiegelt eine angegebene Sitzung. **/v** zeigt ausführliche Informationen an.

tscmd W W W

`tscmd` *PDC-Master BenutzerName Eigenschaft* [*Wert*]

Dieses Programm von Systemtools (*http://www.systemtools.com/free_frame.htm*) zeigt und ändert Terminaldiensteigenschaften eines Domänenbenutzers. Der angegebene Domänencontroller muss der PDC-Master sein. Die möglichen *Eigenschaften* können der Readme-Datei entnommen werden und enthalten u.a.: Home- und Profilpfad, Timeouts, Spiegelung, Verbindung von Client-Laufwerken und -Druckern.

tscon W2k, W2k3, Vista

`tscon` *SitzungsID* | *ZielSitzungsName* [`/dest:`*QuellSitzungsName*]
   [`/password:`*Passwort*] [`/v`]

Verbindet die aktuelle Sitzung oder *QuellSitzungsName* mit *ZielSitzungsName*, wobei die Quellsitzung getrennt wird. Falls die Zielsitzung einem anderen Benutzer gehört, muss dessen Passwort angegeben werden. **/v** zeigt ausführliche Informationen an.

tsdiscon W2k, W2k3, Vista

`tsdiscon` [*SitzungsID* | *SitzungsName*] [`/server:`*ServerName*] [`/v`]

Trennt die aktuelle oder angegebene Sitzung auf *ServerName*. **/v** zeigt ausführliche Informationen an.

tskill W2k, W2k3, Vista

`tskill` *ProzessID* | *ProzessName* [`/server:`*ServerName*] [`/id:`
   SitzungsID | `/a`] [`/v`]

Beendet einen Prozess in einer angegebenen oder allen (**/a**) Sitzungen auf *ServerName*. **/v** zeigt ausführliche Informationen an.

tsprof W2k, W2k3

Kopiert die Terminaldienstekonfiguration von einem Benutzer zu einem anderen oder setzt den Terminalserverprofilpfad.

`tsprof /update /domain:`*DomänenName* | `/local /profile:`*ProfilPfad*
   BenutzerName

Ändert den Terminalserverprofilpfad eines lokalen oder Domänenbenutzers nach *Profilpfad*.

tsprof **/q** **/domain:**_DomänenName_ | **/local** _BenutzerName_

Zeigt den Terminalserverprofilpfad eines lokalen oder Domänenbenutzers an.

tsprof **/copy** **/domain:**_DomänenName_ | **/local** [**/profile:**_ProfilPfad_]
    QuellBenutzerName ZielBenutzerName

Kopiert die Terminaldienstekonfiguration von _QuellBenutzer_ nach _Ziel-Benutzer_, wobei optional der angegebene Profilpfad für _ZielBenutzer_ gesetzt wird.

tsshutdn
W2k, W2k3

tsshutdn [_Wartezeit_] [**/server:**_ServerName_] [**/delay:**_Logoff-Verzögerung_] [**/reboot**] [**/powerdown**] [**/v**]

Fährt den lokalen oder angegebenen Terminalserver herunter. Nachdem die angemeldeten Benutzer über den Vorgang informiert wurden, wird _Wartezeit_ (Standard: 60 Sekunden) abgewartet, bevor die Benutzer abgemeldet werden. Nach dem Abmelden der Benutzer wird _LogoffVerzögerung_ abgewartet, bevor der Server heruntergefahren wird. **/reboot** veranlasst den anschließenden Neustart. **/v** zeigt ausführliche Informationen an.

Installation

msiexec
XP, W2k3, Vista

Kommandozeilenschnittstelle des Windows Installer. Im Folgenden werden die wichtigsten Optionen dieses mächtigen Befehls beschrieben, für eine vollständige Beschreibung sei auf die Hilfe zum Befehl und das Windows Installer SDK verwiesen.

msiexec **/i** _MSI-Paket_ [**TRANSFORMS=**_MST-Datei1_;_MST-Datei2_;...]

Installiert _MSI-Paket_. Optional können Transformationsdateien angewendet werden.

msiexec **/a** _MSI-Paket_

Führt eine administrative Installation in einer Netzwerkfreigabe durch (das MSI-Paket muss sich bereits am gewünschten Ziel befinden).

msiexec **/x** _MSI-Paket_ | _Produkt-GUID_

Deinstalliert die durch den Paketnamen oder die GUID angegebene Software.

Optionen

/quiet
> Hintergrundmodus ohne Benutzerinteraktion.

/passive
> Unbeaufsichtigter Modus, nur die Statusleiste wird angezeigt.

/norestart
> Kein Neustart nach der Installation.

/promptrestart
> Falls ein Neustart erforderlich ist, wird das Einverständnis des Benutzers eingeholt.

/forcerestart
> Immer neu starten nach der Installation.

/log *Protokolldatei*
> Ein Protokoll mit Status- und Fehlermeldungen wird in die angegebene Datei geschrieben.

Eigenschaft1=Wert1 Eigenschaft2=Wert2 [...]
> Setzt paketspezifische Eigenschaften auf den jeweils angegebenen Wert. Damit können Einstellungen vorgenommen werden, die sonst beim Benutzer abgefragt würden, wie z.B. der Pfad zum Zielverzeichnis.

---

ocsetup   Vista

(De-) Installiert optionale Windows-Komponenten.

`ocsetup` *Komponente1*[`;`*Komponente2*`;`[`...`]] [*Optionen*]

Installiert die angegebenen *Komponenten*, deren Bezeichnungen der »Unattended Setup Reference« (Download bei Microsoft) entnommen werden können.

Optionen

/uninstall
> Führt eine Deinstallation statt einer Installation aus.

/quiet
> Hintergrundmodus ohne Benutzerinteraktion.

/passive
> Unbeaufsichtigter Modus, nur die Statusleiste wird angezeigt.

/norestart

Kein Neustart nach der Installation.

/unattendfile:*XML-Datei*

Installiert unter Beachtung der in *XML-Datei* angegebenen Optionen. Eine Deinstallation ist mit diesem Parameter nicht möglich.

/log:*Protokolldatei*

Ein Protokoll mit Status- und Fehlermeldungen wird in die angegebene Datei geschrieben.

/x:*Parameter*

Übergibt zusätzliche *Parameter* an zugrunde liegendes Installationsprogramm.

Anmerkungen: Dieser Befehl wird im Windows Automated Installation Kit (AIK) näher beschrieben. Er ist eine Art vereinfachte Version von **pkgmgr**.

msizap W2kST, W2k3ST

Löscht Verzeichnisse und Registrierungseinträge, in denen der Windows Installer Konfigurationsdaten speichert. Mit **msizap** können Überbleibsel fehlgeschlagener Installationen entfernt werden, die die korrekte Installation einer Anwendung verhindern. Weiterhin kann sich der Administrator Vollzugriff auf die Verzeichnisse und Registrierungsschlüssel des Windows Installers geben.

Der Einsatz dieses Tools sollte sorgfältig abgewogen werden, da es dazu führen kann, dass mit dem Windows Installer installierte Programme nicht mehr korrekt funktionieren. Weitere Informationen finden sich in der Hilfe zu den Support Tools.

netset W2kRK, XPST

`netset` [`Antwortdatei`] | [`/display`]

Dient zur Anzeige, (De-) Installation und Konfiguration von Netzwerkkomponenten. Die durchzuführenden Änderungen werden der Antwortdatei im Format der zur unbeaufsichtigten Installation verwendeten Datei *unattend.txt* entnommen. Weitere Informationen finden Sie im Knowledge Base-Artikel *268781*.

sysprep

sysprep [*Optionen*]

Bereitet das lokale System zum Klonen bzw. Duplizieren vor. **sysprep** generalisiert das System für eine spätere Verteilung. Weitere Informationen erhalten Sie in der Hilfedatei Deploy.chm bzw. im WAIK (s.u.).

Stellen Sie sicher, dass Sie die aktuellste Version von **sysprep** einsetzen. Das Tool ist in den Deployment Tools *deploy.cab* der Windows-CD enthalten, bzw. für Vista im »Windows Automated Installation Kit« (WAIK), die bei Microsoft heruntergeladen werden können.

winnt

winnt [*Optionen*]

Führt eine unbeaufsichtigte (unattended) Windows-Installation durch. Ausführliche Informationen, auch zu den Antwort- und UDF-Dateien, erhalten Sie in Deploy.chm und Unattend.doc.

Verwenden Sie zur Aktualisierung des Betriebssystems **winnt32.**

Optionen

/s:*Pfad*
Gibt den Pfad zu den Installationsdateien an.

/t:*Laufwerk*
Legt fest, welches Laufwerk als Installationsziel und für die Ablage temporärer Daten verwendet werden soll.

/u:*Antwort-Datei* [**/udf:***ID,Datei*]
Gibt die Antwort-Datei zur unbeaufsichtigten Installation an. Optional kann eine UDF-Datei (Uniqueness Database File) mit der gewünschten ID angegeben werden. Diese ID gibt die Sektion der UDF-Datei an, die zur Installation verwendet werden soll.

/r:*Verzeichnis* | **/rs:***Verzeichnis*
Gibt optional ein Verzeichnis an, das mitinstalliert wird und nach der Installation erhalten bleibt (**/r**) bzw. gelöscht wird (**/rx**).

/e:*Befehl*
Führt den angegebenen Befehl am Ende des GUI-Modus der Installation aus.

Skripte und Batch-Dateien

CALL AllOS

CALL *Datei* | :*Marke* [*Argumente*]

Führt die angegebene Batch-Datei aus oder springt zu *Marke*.

choice NT4RK, W2kRK, W2k3, Vista

choice [/c *Auswahloptionen*] [/cs] [/n] [/t *Timeout* /d *Standard*]
    /m *Text*

Zeigt *Text* an und fordert den Anwender zur Auswahl einer Option auf. Die Variable ERRORLEVEL wird auf die Nummer der gewählten Option gesetzt (bei 1 beginnend).

Optionen

/c *Auswahloptionen*
    Definiert die wählbaren Buchstaben (Standard: **YN**).

/cs
    Unterscheidet zwischen Groß- und Kleinschreibung.

/n
    Zeigt die wählbaren Buchstaben nicht an. Normalerweise werden sie in eckigen Klammern, durch Komma getrennt, angezeigt.

/t *Timeout* /d *Standard*
    Wählt die Option *Standard* nach *Timeout* Sekunden, wenn keine Eingabe erfolgt ist.

CLS AllOS

CLS

Löscht den Bildschirm.

cscript AllOS

cscript [*Skript*] [*Optionen*]

Führt ein Skript unter dem Windows Scripting Host aus und zeigt dessen Ausgabe im Kommandozeilenfenster an (im Gegensatz zu **wscript**). Beachten Sie, dass die Optionen des **cscript**-Befehls mit zwei Schrägstrichen (//) gekennzeichnet sind, um sie von den Optionen des Skripts zu unterscheiden.

```
cscript //h:cscript
```

Ändert den Standard-Skripthost auf **cscript**, um Skripte, die nur durch Eingabe des Skriptnamens gestartet werden, unter **cscript** statt unter **wscript** ausführen zu lassen.

ECHO

```
ECHO Text
```

Gibt den angegebenen *Text* auf Standard-Output aus. Zum Erzeugen einer Leerzeile wird »ECHO.« (Befehlsname mit angehängtem Punkt ohne Leerzeichen) verwendet.

```
ECHO [ON | OFF]
```

Aktiviert oder deaktiviert die Anzeige der jeweils ausgeführten Befehlszeile (Standard: aktiviert). Ohne Parameter zeigt **ECHO** die aktuelle Einstellung an.

EXIT

```
EXIT
```

Beendet eine Batch-Datei (oder den laufenden Befehlsinterpreter, wenn interaktiv eingegeben) sofort. Siehe auch **goto :EOF**.

FOR

Schleifenkonstrukt. Dieser äußerst mächtige Befehl bietet zahlreiche Optionen, von denen hier nur die wichtigsten beschrieben sind. Weitere Informationen können Sie der Hilfe (*help for*) entnehmen.

Wenn dieser Befehl in einer Batch-Datei verwendet wird, muss *%%var* anstelle von *%var* verwendet werden.

```
FOR [/d] %var in (Dateiliste) do Befehl
```

Durchläuft *Dateiliste* (Wildcards sind zulässig) und speichert das jeweils aktuelle Listenelement in *%var* zur Verwendung durch *Befehl*.

Falls die angegebene Liste Wildcards enthält, werden bei Angabe von **/d** nur Verzeichnisse durchlaufen, keine Dateien.

```
FOR /l %var in (Start,Schritt,Ende) do Befehl
```

Durchläuft eine Schleife mit der Schrittweite *Schritt* von *Start* bis *Ende* und speichert den aktuellen Schleifenindex in *%var*.

FOR /l kann verwendet werden, um *Befehl* mehrfach auszuführen: (1,1,5) erzeugt die Reihe 1 2 3 4 5 und führt den Befehl demnach fünfmal aus. Falls eine bestimmte einfache Zahlenreihe für *Befehl* benötigt wird, kann diese durch Variation der Start-, Schritt- und Ende-Werte erzeugt werden: (2, 2, 100) gibt alle geraden Zahlen zwischen zwei und hundert aus.

FOR /f ["*Optionen*"] %*var* **in** (*Dateiliste*) **do** *Befehl*

Durchläuft *Dateiliste* (Wildcards sind zulässig) und verarbeitet jede Datei nacheinander zeilenweise. Jede eingelesene Textzeile wird gemäß den angegebenen Optionen in Tokens (Bausteine) aufgespalten, die in %*var* und ggf. weiteren Variablen gespeichert werden. Ohne Angabe von Optionen wird die Zeile an Leerzeichen aufgespalten; %*var* nimmt das erste erhaltene Token auf (Zeilenbeginn bis zum ersten Leerzeichen bzw. bis zum Zeilenende).

Optionen

eol=*c*

Das Zeichen *c* wird als Zeilenende interpretiert. Alle darauf folgenden Zeichen werden ignoriert. Dient zur Definition eines Zeichens, mit dem Kommentare in den Dateien gekennzeichnet werden.

skip=*n*

Die ersten *n* Zeilen zu Beginn jeder Datei werden übersprungen.

delims=*xxx*

Gibt einen Satz von Trennzeichen an, an denen die Zeile in Tokens aufgespalten wird (Standard: Tab und Leerzeichen).

tokens=*a,b,c-d*

Bezeichnet die Nummern der zu speichernden Tokens. Dies können entweder einzelne Ziffern oder ein Bereich sein. Für die zusätzlichen Tokens werden automatisch weitere Variablen reserviert, die im Alphabet auf %*var* folgen.

Beispiel

FOR /f "eol=# tokens=1,3-5˙ delims=,;" %i in (datei.txt) do echo %i %j %k %l %m

Setzt die Raute als Kommentarzeichen: Zeilen, die damit beginnen, werden ignoriert. Als Trennzeichen zwischen Tokens werden Komma und Semikolon verwendet. Die Variablen %i bis %m nehmen, in dieser Reihenfolge, die Tokens 1, 3, 4, 5 und den Rest der Zeile auf. Auf diese

Weise können einzelne Spalten z.B. einer CSV-Datei herausgelöst und durch einen Befehl weiterverarbeitet werden.

forfiles

`forfiles` [*Auswahloptionen*] [`-c` "*Befehl*"]

Wendet den Befehl auf jede Datei einer Auswahl an (die Standardaktion ist das Anzeigen des Dateinamens).

Optionen

`-c` "*Befehl*"

Gibt den Befehl an, der ausgeführt werden soll. Nachfolgende Konstrukte können unter Einhaltung der Groß- und Kleinschreibung innerhalb von *Befehl* eingesetzt werden:

@FILE	Aktueller Dateiname
@FNAME_WITHOUT_EXT	Dateiname ohne Erweiterung
@EXT	Dateierweiterung
@PATH	Verzeichnispfad der Datei
@RELPATH	Verzeichnispfad der Datei, relativ zum aktuellen Pfad
@ISDIR	TRUE, falls Verzeichnis, sonst FALSE
@FSIZE	Dateigröße
@FDATE	Änderungsdatum der Datei: *jjjjmmtt*
@FTIME	Änderungszeit der Datei: *hhmmss*

Der Standardbefehl ist **cmd /c echo @FILE**.

`-p`*Verzeichnis*

Gibt den Verzeichnispfad an, wo die Suche beginnen soll (die Standardeinstellung ist das aktuelle Verzeichnis).

`-m`*Zeichenkette*

Wählt die Dateien aus, die der angegebenen Zeichenkette entsprechen. *Zeichenkette* kann Wildcards enthalten (Standardeinstellung ist *.*).

-d[+ |−]*ttmmjjjj* | *n*

Wählt nur Dateien aus, die zum angegebenen Datum modifiziert wurden (− bedeutet zuvor, und + bedeutet danach). Wurde anstelle eines Datums eine Zahl angegeben, werden die Dateien ausgewählt, die in den letzten *n* Tagen modifiziert (−) bzw. nicht modifiziert wurden (+).

-s

Führt den Befehl auch in Unterverzeichnissen aus.

-v

Erzeugt eine ausführliche Ausgabe.

freedisk

NT4RK, W2kRK, W2k3

`freedisk` *x*: *min-bytes*

Setzt die Variable ERRORLEVEL auf 1, wenn der freie Speicherplatz des angegebenen Laufwerks geringer als *min-bytes* ist.

gettype

W2k3

`gettype` [**/s** *Computer*] [**/sp** | **/role**]

Setzt die Variable ERRORLEVEL auf einen Wert, der das Betriebssystem des lokalen oder angegebenen Systems spezifiziert (von 1-6: XP Home, XP Professional, Server 2003 Standard, Server 2003 Enterprise, Server 2003 Datacenter, Server 2003 Web). Bei Angabe von **/sp** wird stattdessen die Nummer des Service Packs ermittelt (1 für SP1 etc.). **/role** gibt je nach Rolle des Computers in der Domäne die Werte 1-3 zurück: Domänencontroller, Domänenmitglied, Arbeitsgruppenmitglied.

GOTO

AllOS

`GOTO` *Marke*

Springt zu der angegebenen Sprungmarke innerhalb der Batch-Datei.

`GOTO :EOF`

Springt zum Ende der aktuellen Batch-Datei.

IF

AllOS

Bedingungsbefehl. Der Sinn des logischen Ausdrucks wird in allen Fällen durch Verwendung des Schlüsselworts **not** umgekehrt.

IF [not] `errorlevel n Befehl`

Führt *Befehl* aus, wenn der Wert der Variable ERRORLEVEL größer oder gleich *n* ist bzw. nicht (**not**) größer oder gleich *n* ist.

IF [not] defined `Variable Befehl`

Führt *Befehl* aus, wenn die angegebene Variable definiert bzw. nicht definiert ist.

IF [not] exist `Datei Befehl`

Führt *Befehl* aus, wenn die angegebene Datei existiert bzw. nicht existiert.

IF [not] [/i] `Zeichenkette1 Operator Zeichenkette2 Befehl`

Führt *Befehl* aus, wenn der Vergleich der Zeichenketten »wahr« bzw. »falsch« liefert. Die möglichen Operatoren sind:

== | EQU
  Gleich.

NEQ
  Nicht gleich.

LSS
  Kleiner als.

LEQ
  Kleiner als oder gleich.

GTR
  Größer als.

GEQ
  Größer als oder gleich.

Alle Vergleichsoperatoren unterscheiden zwischen Groß- und Kleinschreibung. **/i** deaktiviert die Unterscheidung.

ifmember

ifmember *Gruppen*

Setzt die Variable ERRORLEVEL auf 1, wenn der aktuelle Benutzer Mitglied einer der angegebenen Gruppen ist.

Optionen
/Verbose
  Zeigt alle Übereinstimmungen der Gruppenzugehörigkeit an.

/List
> Zeigt alle Gruppen, denen der aktuelle Benutzer angehört (das Argument *Gruppen* wird ignoriert).

PAUSE AllOS

PAUSE

Fordert zum Drücken einer beliebigen Taste auf; die Verarbeitung der Batch-Datei wird so lange angehalten.

POPD AllOS

POPD

Wechselt zum letzten mit **PUSHD** gespeicherten Verzeichnis und löscht alle von **PUSHD** erstellten temporären Laufwerkbuchstaben.

PROMPT AllOS

PROMPT *Text*

Ändert die Eingabeaufforderung nach *Text*. *Text* kann unter anderem (siehe **prompt /?**) die folgenden Werte enthalten:

$D, $T
> Aktuelles Datum, aktuelle Uhrzeit.

$G
> Größer-Zeichen (>).

$N
> Aktueller Laufwerkbuchstabe.

$P
> Aktueller Laufwerkbuchstabe und Verzeichnis.

$S
> Leerzeichen.

$_
> Zeilenvorschub.

PUSHD AllOS

PUSHD [*Pfad*]

Sichert das aktuelle Verzeichnis zum Abruf durch **POPD** und wechselt dann in das angegebene Verzeichnis. Bei Aufruf ohne Argumente wird die aktuelle Verzeichnisliste angezeigt.

REM

`REM` *was-auch-immer*

Leitet eine Kommentarzeile ein, die vom Befehlsinterpreter ignoriert wird.

SET

Zeigt Variablenwerte an und erlaubt deren Veränderung.

`SET` [*var*]

Zeigt den Wert der angegebenen oder aller definierten Variablen an.

`SET` *var=Zeichenkette*

Setzt den Wert der Variablen auf *Zeichenkette*.

`SET /a` *var=Numerischer-Ausdruck*

Setzt den Wert der Variablen auf das Ergebnis des numerischen Ausdrucks.

SETLOCAL...ENDLOCAL

SETLOCAL definiert den Anfang einer lokalen Umgebung innerhalb der Batch-Datei. Die so begonnene lokale Umgebung wird durch **END-LOCAL** beendet. Die vor **SETLOCAL** gültigen Werte sind dann wieder aktiv.

SHIFT

`SHIFT` [**/n**]

Verschiebt Skript- bzw. Befehlsargumente um eine Stelle nach hinten, beginnend mit Argument *n* (falls angegeben).

sleep

`sleep` *n*

»Schläft« (pausiert) für *n* Sekunden.

timeout

`timeout` **/t** *n* [**/nobreak**]

Entspricht **pause**, wartet jedoch maximal *n* Sekunden auf einen Tastendruck. Bei Angabe von **/nobreak** wird die angegebene Zeit immer abgewartet, ein Tastendruck also ignoriert.

TITLE

`TITLE` *Zeichenfolge*

Setzt den Titel des aktiven Kommandozeilenfensters (cmd.exe).

waitfor

Sendet oder wartet auf Signale an/von einem entfernten System. Ein Signal kann eine beliebige Zeichenkette sein. **waitfor** kann verwendet werden, um voneinander abhängige Aktionen auf verschiedenen Computern in der richtigen Reihenfolge auszuführen.

`waitfor` [**/t** *Timeout*] *Signal*

Wartet auf das angegebene Signal. Optional kann mit **/t** eine maximale Wartezeit angegeben werden. Ein Signal ist eine maximal 225 Zeichen lange Zeichenkette, die aus den Zeichen a-z, A-Z, 0-9 sowie den ASCII-Zeichen mit den Codes 128-255 bestehen darf.

`waitfor` **/si** *Signal* [**/s** *Computer*]

Sendet das angegebene Signal, entweder per Broadcast an alle Computer der Domäne oder an den angegebenen Computer.

wscript

`wscript` [*Skript*] [*Optionen*]

Führt ein Skript unter dem Windows Scripting Host aus und zeigt jede Zeile von dessen Ausgabe in einem eigenen Dialogfenster an (im Gegensatz zu **cscript**). Beachten Sie, dass die Optionen des **wscript**-Befehls mit zwei Schrägstrichen (//) gekennzeichnet sind, um sie von den Optionen des Skripts zu unterscheiden.

`wscript` //h:*wscript*

Ändert den Standard-Skripthost auf **wscript**, um Skripte, die nur durch Eingabe des Skriptnamens gestartet werden, unter **wscript** statt unter **cscript** ausführen zu lassen. Dies ist die Standardeinstellung.

Die Wiederherstellungskonsole von Windows 2000, XP und 2003

Diese mit begrenzter Funktionalität ausgestattete Kommandozeilenschnittstelle ermöglicht die Reparatur nicht mehr startender Windows-Installationen. Die Konsole kann entweder von der Windows-CD gestartet werden oder mit folgendem Befehl auf der Festplatte installiert werden (*x:* ist das CD-ROM-Laufwerk):

```
x:\I386\Winnt32.exe /cmdcons
```

Die Wiederherstellungskonsole bietet die folgenden Befehle: **attrib**, **batch**, **bootcfg**, **cd**, **chkdsk**, **cls**, **copy**, **del**, **dir**, **disable**, **diskpart**, **enable**, **exit**, **expand**, **fixboot**, **fixmbr**, **format**, **help**, **listsvc**, **logon**, **map**, **md**, **more**, **net use**, **ren**, **rd**, **set**, **systemroot** und **type**. Allerdings werden nicht alle unter Windows vorhandenen Optionen dieser Befehle unterstützt – ihre Funktionalität wurde vereinfacht. Zum Beispiel können mit **copy** nur einzelne Dateien kopiert werden. Im Folgenden werden die wichtigsten, nur an der Wiederherstellungskonsole verfügbaren Befehle beschrieben:

bootcfg /list | /copy | /rebuild

Zeigt die Einträge der Datei boot.ini an (**/list**), erstellt von ihr eine Sicherungskopie (**/copy**) bzw. erstellt die Datei neu, indem alle auf den Festplatten gefundenen Windows-Installationen dort eingetragen werden (**/rebuild**).

enable *Dienst-oder-Treiber* [*Starttyp*]

Setzt die Startart eines Dienstes oder Gerätetreibers. *Starttyp* kann einen der folgenden Werte annehmen: SERVICE_BOOT_START (startet einen Treiber während des Bootvorgangs), SERVICE_SYSTEM_START (startet einen Treiber während des Startens von Windows), SERVICE_AUTO_START (Dienststartart »Automatisch«) oder SERVICE_DEMAND_START (Dienststartart »Manuell«). Nach dem Ändern der Startart eines Dienstes wird die bisherige Einstellung angezeigt, die man sich notieren sollte, um die Änderungen rückgängig machen zu können.

disable *Dienst-oder-Treiber*

Deaktiviert den angegebenen Dienst oder Gerätetreiber (setzt die Startart auf SERVICE_DISABLED). Ebenso wie bei **enable** sollte man sich bei Änderungen die bisherige Einstellung notieren.

diskpart /delete | /add *Gerät*

Verwaltet Festplatten-Partitionen. Die Option gibt die durchzuführende Aktion an. Das Ziellaufwerk kann als Laufwerksbuchstabe oder mit dem Gerätenamen angegeben werden. Der Befehl **map** zeigt das zu verwendende Format.

exit

Beendet die Wiederherstellungskonsole und startet das System neu.

fixboot [*x:*]

Schreibt einen neuen Partitions-Bootsektor auf das angegebene Laufwerk. Standardmäßig wird das Systemlaufwerk verwendet.

fixmbr [*Gerät*]

Schreibt einen neuen MBR (Master Boot Record) auf die angegebene Festplatte (standardmäßig die Systemplatte). Das Gerät wird mit **Device****HardDisk***n* angegeben.

listsvc

Zeigt alle verfügbaren Dienste und Gerätetreiber an.

logon

Listet die vorhandenen Windows-Installationen auf und fordert zur Anmeldung an einer derselben auf.

map [*arc*]

Zeigt die Zuordnungen von Laufwerksbuchstaben zu Gerätenamen an. Mit dem Parameter **arc** werden ARC-Gerätenamen angezeigt.

systemroot

Setzt das Systemverzeichnis der Windows-Installation als aktuelles Verzeichnis.

set [*Var* [= *Wert*]]

Setzt Umgebungsvariablen der Wiederherstellungskonsole. Standardmäßig ist dieser Befehl nicht aktiviert. Die Aktivierung dieses Befehls nehmen Sie z.B. in den lokalen Sicherheitseinstellungen vor: **Lokale Sicherheitseinstellungen→Lokale Richtlinien→Sicherheitsoptionen→Wiederherstellungskonsole: Kopieren von Disketten und Zugriff auf alle Laufwerke und alle Ordner zulassen.** Nachdem Sie diese Option auf »Aktiviert« gesetzt haben, können Sie den Befehl **set** verwenden, um zusätzliche Funktionen zu aktivieren. Dazu setzen Sie nachfolgende Variablen auf **true**:

AllowWildCards

Erlaubt die Verwendung von Wildcards in Dateinamen.

AllowAllPaths

Erlaubt den Zugriff auf alle Dateien und Verzeichnisse im System. Ohne diese Option ist der Zugriff beschränkt auf C:\, %Systemroot% und \Cmdcons sowie Wechselmedien.

AllowRemovableMedia

Erlaubt das Kopieren von Dateien auf Wechselmedien. In der Standardeinstellung können Dateien nur von solchen Medien auf die Festplatte kopiert werden.

NoCopyPrompt

Unterdrückt Bestätigungsaufforderungen beim Überschreiben von Dateien.

Die Wiederherstellungsumgebung von Windows Vista

Die auf Windows PE basierende Wiederherstellungsumgebung (WinRE) von Windows Vista enthält unter anderem eine vollwertige Eingabeaufforderung, an der sich viele der in diesem Büchlein beschriebenen Befehle nutzen lassen. Zusätzlich können nicht vom Explorer/Desktop abhängige grafische Programme gestartet werden, wie z.B. Regedit. Lediglich wenige spezielle Befehle der Wiederherstellungskonsole der Windows-Vorgängerversionen sind nicht enthalten, können aber folgendermaßen ersetzt werden:

Befehl der Wiederherstellungskonsole	Ersatz unter WinRE
bootcfg	bootrec /ScanOS bootrec /RebuildBcd bcdedit
fixboot	bootrec /FixBoot
fixmbr	bootrec /FixMBR
map	diskpart
logon	Anmeldung nicht erforderlich
systemroot	Nicht benötigt
enable disable listsvc	Direktes Ändern der Registrierung mit reg.exe oder regedit.exe

Befehlsnamen der Verwaltungsprogramme

Hinweis: Nicht alle Einträge sind auf allen Systemen verfügbar. Die Befehle liegen nicht unbedingt im Suchpfad.

Programm	Befehl
Menü Verwaltung und weitere MSC-Konsolen	
Active Directory Management	admgmt.msc
Active Directory Migration Tool	admtagnt
Active Directory-Benutzer und -Computer	dsa.msc
Active Directory-Domänen und -Vertrauensstellungen	domain.msc
Active Directory-Schema	schmmgmt.msc
Active Directory-Standorte und -Dienste	dssite.msc
Administrator für Servererweiterungen	fpmmc.msc
Aufgabenplanung	taskschd.msc
Authorization Manager	azman.msc

Programm	Befehl
Benutzer-Manager für Domänen (NT4)	**usrmgr.exe**
Clusterverwaltung	**cluadmin.exe**
Computerverwaltung	**compmgmt.msc**
Datenquellen (ODBC)	**odbcad32.exe**
Datenträgerverwaltung	**diskmgmt.msc**
DHCP	**dhcpmgmt.msc**
Dienste	**services.msc**
DNS	**dnsmgmt.msc**
Druckverwaltung	**printmanagement.msc**
Enterprise PKI	**pkiview.msc**
Ereignisanzeige	**eventvwr.msc**
Freigegebene Ordner	**fsmgmt.msc**
Geräte-Manager	**devmgmt.msc**
Gruppenrichtlinienverwaltung	**gpmc.msc**
Indexdienst	**ciadv.msc**
Internet-Authentifizierungsdienst	**ias.msc**
Internetinformationsdienste-Manager	**iis.msc**
IP Address Management	**ipaddrmgmt.msc**
Komponentendienste	**comexp.msc**
Leistung	**perfmon.msc**
Lizenzierung	**llsmgr.exe**
Lokale Benutzer und Gruppen	**lusrmgr.msc**
Lokale Sicherheitsrichtlinie	**secpol.msc**
Microsoft .NET Framework 1.1-Assistenten	**configwizards.exe**
Microsoft .NET Framework 1.1-Konfiguration	**mscorcfg.msc**
Microsoft SUS-Verwaltung	**http://localhost/susadmin**
Microsoft WSUS-Verwaltung	**http://localhost/wsusadmin**
NAP-Clientkonfiguration	**napclcfg.msc**
Netzwerklastenausgleich-Manager	**nlbmgr.exe**

Programm	Befehl
Netzwerkmonitor	netmon.exe
Public Key Management	pkmgmt.msc
QoS-Zugangssteuerung	acssnap.msc
Remotedesktops	tsmmc.msc
Remotedesktopverbindung	mstsc.exe
Remote-Speicher	rsadmin.msc
Richtlinienergebnissatz (RSOP)	rsop.msc
Routing und RAS	rrasmgmt.msc
Server Manager (NT4)	srvmgr.exe
Serverkonfigurations-Assistent	cys.exe
Sicherheitsrichtlinie für Domänen	dompol.msc
Sicherheitsrichtlinie für Domänencontroller	dcpol.msc
Telefonie	tapimgmt.msc
Telnet-Serververwaltung	tlntadmn.exe
Terminal-Dienste-Clientverbindungs-Manager	conman.exe
Terminal-Dienstekonfiguration	tscc.msc
Terminal-Diensteverwaltung	tsadmin.exe
Terminalserverlizenzierung	licmgr.exe
Trusted Platform Module-Management	tpm.msc
UDDI-Dienste	uddi.msc
Verbindungs-Manager-Verwaltungs-Kit	cmak.exe
Verteiltes Dateisystem (DFS)	dfsgui.msc
Wechselmedien	ntmsmgr.msc
Windows-Firewall mit erweiterter Sicherheit	wf.msc
WINS	winsmgmt.msc
WMI-Kontrolle	wmimgmt.msc
Zertifikate	certmgr.msc
Zertifizierungsstelle	certsrv.msc
Zertifikatvorlagen	certtmpl.msc

Programm	Befehl
Windows Support Tools	
Active Directory Administration Tool	**ldp.exe**
Active Directory Replication Monitor	**replmon.exe**
ADSI Edit	**adsiedit.msc**
Dependency Walker	**depends.exe**
DiskProbe	**dskprobe.exe**
Global Flags Editor	**gflags.exe**
Process Viewer	**pviewer.exe**
Security Administration Tools	**sidwalk.msc**
SNMP Query Utility	**snmputilg.exe**
Windiff	**windiff.exe**
Weitere hilfreiche Befehle	
Active Directory-Installations-Assistent	**dcpromo.exe**
Dateisignaturverifizierung	**sigverif.exe**
Komponentendienste	**dcomcnfg.exe**
Microsoft Management Console	**mmc.exe**
Registrierungseditor	**regedit.exe**
Systeminformationen	**winmsd.exe**
Systeminformationen	**msinfo32.exe**
Systemsteuerung öffnen	**control.exe**
Task-Manager	**taskmgr.exe**

Benutzerrechte und Systemprivilegien

Benutzerrecht/Privileg	Interner Name
Ändern der Systemzeit	SeSystemTimePrivilege
Ändern der Zeitzone	SeTimeZonePrivilege
Anheben der Zeitplanungspriorität	SeIncreaseBasePriorityPrivilege
Anmelden als Batchauftrag verweigern	SeDenyBatchLogonRight

Benutzerrecht/Privileg	Interner Name
Anmelden als Dienst	SeServiceLogonRight
Anmelden als Dienst verweigern	SeDenyServiceLogonRight
Anmelden als Stapelverarbeitungsauftrag	SeBatchLogonRight
Anmelden über Terminaldienste verweigern	SeDenyRemoteInteractiveLogonRight
Anmelden über Terminaldienste zulassen	SeRemoteInteractiveLogonRight
Annehmen der Clientidentität nach Authentifizierung	SeImpersonatePrivilege
Anpassen von Speicherkontingenten für einen Prozess	SeIncreaseQuotaPrivilege
Arbeitssatz eines Prozesses vergrößern	SeIncreaseWorkingSetPrivilege
Auf Anmeldeinformations-Manager als vertrauenswürdigem Aufrufer zugreifen	SeTrustedCredManAccessPrivilege
Auf diesen Computer vom Netzwerk aus zugreifen	SeNetworkLogonRight
Auslassen der durchsuchenden Überprüfung	SeChangeNotifyPrivilege
Debuggen von Programmen	SeDebugPrivilege
Durchführen von Volumewartungsaufgaben	SeManageVolumePrivilege
Einsetzen als Teil des Betriebssystems	SeTcbPrivilege
Entfernen des Computers von der Dockingstation	SeUndockPrivilege
Ermöglichen, dass Computer- und Benutzerkonten für Delegierungszwecke vertraut wird	SeEnableDelegationPrivilege
Ersetzen eines Tokens auf Prozessebene	SeAssignPrimaryTokenPrivilege
Erstellen einer Auslagerungsdatei	SeCreatePagefilePrivilege
Erstellen eines Profils der Systemleistung	SeSystemProfilePrivilege
Erstellen eines Profils für einen Einzelprozess	SeProfileSingleProcessPrivilege
Erstellen eines Tokenobjekts	SeCreateTokenPrivilege
Erstellen globaler Objekte	SeCreateGlobalPrivilege
Erstellen symbolischer Verknüpfungen	SeCreateSymbolicLinkPrivilege
Erstellen von dauerhaft freigegebenen Objekten	SeCreatePermanentPrivilege
Erzwingen des Herunterfahrens von einem Remotesystem aus	SeRemoteShutdownPrivilege
Generieren von Sicherheitsüberwachungen	SeAuditPrivilege
Herunterfahren des Systems	SeShutdownPrivilege
Hinzufügen von Arbeitsstationen zur Domäne	SeMachineAccountPrivilege

Benutzerrecht/Privileg	Interner Name
Laden und Entfernen von Gerätetreibern	SeLoadDriverPrivilege
Lokal anmelden verweigern	SeDenyInteractiveLogonRight
Lokal anmelden zulassen	SeInteractiveLogonRight
Sichern von Dateien und Verzeichnissen	SeBackupPrivilege
Sperren von Seiten im Speicher	SeLockMemoryPrivilege
Synchronisieren von Verzeichnisdaten	SeSyncAgentPrivilege
Übernehmen des Besitzes von Dateien und Objekten	SeTakeOwnershipPrivilege
Verändern der Firmware-Umgebungsvariablen	SeSystemEnvironmentPrivilege
Verändern einer Objektbezeichnung	SeRelabelPrivilege
Verwalten von Überwachungs- und Sicherheitsprotokollen	SeSecurityPrivilege
Wiederherstellen von Dateien und Verzeichnissen	SeRestorePrivilege
Zugriff vom Netzwerk auf diesen Computer verweigern	SeDenyNetworkLogonRight

Konstrukte in Batch-Dateien

Die im Folgenden beschriebenen Konstrukte sind nützlich in Batch-Dateien, die durch den Kommandozeileninterpreter **cmd.exe** ausgeführt werden.

:*Marke*
> Sprungmarke (Ziel eines **goto**- oder **call**-Befehls).

%*m*
> Das Argument mit der Nummer *m* (die Argumente 10 und höher können über den **shift**-Befehl ausgewertet werden).

%~*cm*
> Das modifizierte Argument Nummer *m*. *c* kann einen der folgenden Werte annehmen, wenn nur ein Teil des Arguments ausgewertet werden soll:

> **f:**
>> Vollständiger Pfad.

d:
Nur Laufwerksbuchstabe.

p:
Nur Pfad.

n:
Nur Dateiname.

x:
Nur Dateierweiterung.

s:
Es werden DOS-Namen im 8.3-Format verwendet (kann in Verbindung mit **n** und **x** eingesetzt werden).

$PATH:
Durchsucht die Umgebungsvariable PATH nach dem Argument und gibt die erste Übereinstimmung aus (vollständiger Pfad inklusive Dateiname). Wenn keine Übereinstimmung gefunden wird, so wird ein leerer String ausgegeben.

%*
Alle angegebenen Argumente.

%*var*%
Wert der Variablen *var*. Es kann sich dabei um eine Skriptvariable oder eine Umgebungsvariable handeln.

errorlevel
Interne Variable, die den Rückgabewert (Fehler-Code) des letzten Befehls enthält; siehe auch die Beschreibung des **if**-Befehls.

Windows PowerShell

Die PowerShell ist der Nachfolger der früher für Batch-Dateien und Skripte verwendeten Betriebssystemkomponenten **cmd.exe** und Windows Script Host (siehe **cscript** und **wscript**). Sie ist auch bei Windows Vista nicht im Betriebssystem enthalten, sondern muss von den Microsoft-Servern heruntergeladen und installiert werden.

Die PowerShell basiert auf .NET 2.0 und bietet die volle Funktionalität dieses Frameworks. Sie ist nicht textbasiert wie andere Shells, sondern gibt Objekte über Pipelines (|) von einem Befehl zum anderen weiter. Die Benennung der Befehle (als Cmdlets bezeichnet) folgt dem Schema *Verb-Nomen*, z.B. **get-command** (Auflistung aller Befehle). Die PowerShell verwendet ein erweiterbares Provider-Modell, um neben dem Dateisystem folgende Datenspeicher als Laufwerk anzusprechen: Registrierung, Zertifikatsspeicher, Umgebungsvariablen, Aliasse, Variablen und Funktionen.

Durch die Objektorientierung können Objekte Auskunft über sich selbst geben und über ihre Fähigkeiten »befragt« werden. Dazu wird der Befehl **get-member** verwendet, der im folgenden Beispiel die Eigenschaften und Methoden eines Prozessobjektes (konkret: des PowerShell-Prozesses) auflistet:

```
get-process powershell | get-member
```

Mächtige Befehle zum Filtern und Sortieren erleichtern die Auswahl der benötigten Daten: **where-object** filtert eine Objektliste, wobei die Variable $_ stets das aktuelle Objekt der automatisch in einer Schleife durchlaufenen Liste repräsentiert. **sort-object** sortiert eine Liste von Objekten, **select-object** wählt gewünschte Objekteigenschaften zur Weiterverarbeitung aus, **format-table** gibt Daten tabellarisch aus:

```
Get-Process | Where-Object {$_.handlecount -gt 100} | Sort-
Object cpu -desc | Select-Object
processname,path,cpu,workingset | Format-Table -auto
```

In dieser Befehlskette (Pipeline) wird die Liste der laufenden Prozesse ermittelt, auf Prozesse mit mehr als 100 geöffneten Handles gefiltert und absteigend nach CPU-Nutzung sortiert. Dann werden die gewünschten Eigenschaften jedes resultierenden Prozesses angegeben: Name, Pfad, CPU- und Speichernutzung. Schließlich werden die ermittelten Daten tabellarisch formatiert ausgegeben.

Variablen sind in der PowerShell nichts anderes als benannte Objekte. Sie werden mit einem vorangestellten Dollarzeichen gekennzeichnet und können neben üblichen Datentypen wie Zahlen, Zeichenketten, Arrays oder Hashes (Dictionaries) beliebige Objekte wie z.B. Datumsobjekte aufnehmen:

```
[System.DateTime] $date = "10.15.2006 12:03"
$date.Subtract("05.19.2006").days
```

Die Variable *$date* wird im Beispiel auf die Mittagszeit am 15.10. 2006 gesetzt. Der zweite Befehl subtrahiert davon ein früheres Datum und gibt ein TimeSpan-Objekt zurück. Dessen Eigenschaft *days* enthält die Anzahl der zwischen beiden Daten liegenden Tage.

Neben Variablen werden Funktionen und die üblichen Kontrollstrukturen (**if**, **switch**, **do while**, **do until**, **for**, **foreach**) unterstützt. Eine Besonderheit stellen Filter dar, die ähnlich wie der Befehl **where-object** über die Pipeline übergebene Objekte filtern:

```
filter priv {if ($_ -match "^\(X\)\s(\w+)") {$matches[1]}}
$privs=&"whoami.exe" '/priv' | priv
```

Mit obigen Kommandos wird zunächst ein Filter namens *priv* definiert, der mittels eines regulären Ausdrucks gewünschte Teilzeichenketten aus jeder übergebenen Eingabezeile herausfiltert. Anschließend wird die Ausgabe des Befehls **whoami** durch den selbstdefinierten Filter auf die Namen der aktivierten Privilegien beschränkt, die in der Variablen *$privs* gespeichert werden.

Neben gängigen Operatoren zur Addition, Subtraktion, etc. (+ - * / %) werden kombinierte Zuweisungsoperatoren (z.B. Addition und anschließend Zuweisung: +=) unterstützt. Vergleiche werden, um Verwechslungen zu vermeiden, nicht durch das Gleichheitszeichen angegeben, sondern durch eigene Operatoren: **-eq** (Gleichheit), **-ne** (Ungleichheit), **-gt** (größer als), **-ge** (größer gleich), **-lt** (kleiner als), **-le** (kleiner gleich).

Die Befehle der PowerShell erscheinen auf Grund der ungewohnten Verb-Nomen-Syntax zunächst fremd. Daher sind eine Reihe von Aliassen vordefiniert, die bekannte Befehlsnamen den Power-Shell-Kommandos zuordnen. Damit sind folgende Zeilen möglich:

```
cd HKLM:
dir SOFTWARE
```

Zunächst wird in das »Laufwerk« *HKEY_LOCAL_MACHINE* gewechselt, und anschließend die Unterschlüssel von *HKLM\Software* ausgegeben. Eine nach Namen sortierte Liste der vordefinierten Aliasse gibt *Get-Alias | Sort-Object Name* aus.

LDAP-Suchfilter

Eine Reihe von Tools, vornehmlich solche zur Abfrage des Active Directory, ermöglichen die Verwendung eines Filters, mit dem sich, ähnlich einer WHERE-Anweisung bei SQL, die gewünschten Objekte exakt finden lassen.

Ein Filter besteht aus einzelnen Bedingungen, die jeweils in runde Klammern eingeschlossen und mit den logischen Operatoren **&** (und), | (oder) bzw. **!** (nicht) verknüpft werden:

```
(&(objectClass=user)(sAMAccountName=fmeier))
```

findet den Benutzer mit dem Anmeldenamen *fmeier*.

Eine Bedingung besteht aus einem Attribut, das mittels eines Operators mit einem Wert verglichen wird. Dabei stehen folgende Operatoren zur Verfügung: = (ist gleich), ~= (ungefähr gleich), <= (kleiner gleich) und >= (größer gleich).

Die Namen der Attribute sind im Schema definiert und können mit einem LDAP-Client, z.B. **ldp**, im Active Directory ermittelt werden.

Bei der Angabe der Werte kann ein Sternchen (*) als Wildcard verwendet werden.

Beispiele

Finde alle Benutzer, deren Nachname *meier* lautet und deren Vorname mit *e* beginnt:

```
(&(objectClass=user)(sn=meier)(givenName=e*))
```

Finde alle Benutzer, die einen Profilpfad eingetragen haben:

```
(&(objectClass=user)(profilePath=*))
```

Finde alle Benutzer, die *keinen* Profilpfad eingetragen haben:

```
(&(objectClass=user)(!(profilePath=*)))
```

Dies gibt jedoch auch Computerobjekte zurück, da diese im Schema von der Klasse Benutzer abgeleitet sind. Eine weitere Bedingung filtert sie aus:

```
(&(objectClass=user)(!(objectClass=computer))(!(profilePath=*)))
```

Windows-GUI – Tipps und Tricks

Verwendung der Maus

Umschalt + Linke Maustaste (auf Objekte)
Wählt aufeinander folgende Objekte aus.

Steuerung + Linke Maustaste (auf Objekte)
Wählt mehrere, nicht notwendigerweise aufeinander folgende Objekte aus.

Rechte Maustaste (auf ein Objekt)
Zeigt das Kontextmenü des Objektes an, inklusive des Punktes **Eigenschaften**.

Umschalt + Rechte Maustaste (auf ein bereits ausgewähltes Objekt)
Zeigt im Kontextmenü des Objektes zusätzlich den Eintrag »Öffnen mit« bzw. »Als Pfad kopieren« (Windows Vista) an.

Alt + Doppelklick (auf ein Objekt)
Öffnet die Registerkarte **Eigenschaften** des Objektes. Alt + Eingabe hat denselben Effekt.

Steuerung + Doppelklick (auf einen Ordner)
Kehrt die Einstellung der Option »Jeden Ordner in einem eigenen Fenster anzeigen« um.

Umschalt + Doppelklick (auf einen Ordner)
Öffnet den Ordner in der Explorer-Ansicht anstelle der normalen Ansicht.

Tastenkombinationen

Steuerung + Tabulator, Steuerung + Umschalt + Tabulator
»Blättert« Karteikartenreiter in Dialogfeldern vorwärts bzw. rückwärts um.

Steuerung + Umschalt + Escape
Öffnet den Task-Manager.

Steuerung + Umschalt + Eingabe
Startet das ausgewählte Programm als Administrator.

Backspace (im Explorer)
Eine Verzeichnisebene nach oben.

Steuerung + Escape
Öffnet das Startmenü.

F1
Öffnet die Hilfe des jeweiligen Programms.

F2 (auf ein ausgewähltes Objekt)
Umbenennen des Objektes.

F3 (im [Internet] Explorer)
Öffnet den Suchassistenten.

F4 (im [Internet] Explorer)
Klappt die Adressleiste auf.

F5
Aktualisieren/Refresh.

F6 (im [Internet] Explorer)
Setzt den Fokus nacheinander auf den nächsten Frame (bzw. das nächste Unterfenster) und schließlich auf die Adressleiste.

F10
Zeigt die Menüleiste an (drücken von Alt hat den selben Effekt).

F11 (im [Internet] Explorer)
Wechselt zwischen maximierter und normaler Darstellung.

Umschalt + Entfernen (ausgewählte Objekte)
Löscht unter Umgehung des Papierkorbs. Unter dem Menü **Eigenschaften** des Papierkorbs kann dieses Verhalten dauerhaft eingestellt werden.

Win + R
Öffnet das Dialogfeld **Ausführen**.

Win + F
Öffnet den Suchassistenten.

Win + E
Öffnet den Explorer.

Win + M
    Minimiert alle offenen Fenster.

Win + Umschalt + M
    Kehrt eine Win + M-Operation um.

Win + U
    Öffnet das »Center für erleichterte Bedienung«.

Win + x
    Wählt den Gegenstand auf dem Desktop aus, dessen Name
    mit dem entsprechenden Buchstaben beginnt, falls die Tasten-
    kombination nicht bereits belegt ist.

Windows im WWW

Adresslisten

*   *http://de.dir.yahoo.com/Computer_und_Technik/Software/
    Betriebssysteme/Windows*

*   *http://www.labmice.net*

Windows-Informationen

*   *http://www.microsoft.com/windows* (offizielle Microsoft-Seite)

*   *http://support.microsoft.com* (Microsoft Support und Know-
    ledge Base)

*   *http://technet.microsoft.com* (Microsofts Portal für Administra-
    toren)

*   *http://www.eventid.net* (Erläuterungen zu Fehlermeldungen im
    Eventlog)

*   *http://www.jsiinc.com/reghack.htm* (Umfangreiche Windows-
    FAQ)

*   *http://www.heise.de/ct/faq* (Tipp-Datenbank der c't)

*   *http://www.netadmintools.com* (Artikel und Tools für Adminis-
    tratoren)

Software-Archive

- *http://www.microsoft.com/downloads* (Microsoft Download Center u.a. mit Service Packs und Updates)
- *http://www.microsoft.com/technet/sysinternals* (viele äußerst leistungsfähige Tools primär zur Überwachung und Analyse)
- *http://www.download.com* (Free- und Shareware-Archiv)
- *http://sourceforge.net/softwaremap* (Freie Software)

Index